ABBAYE DE L'ILE-CHAUVET.

MÉMOIRE HISTORIQUE

SUR L'ABBAYE

DE L'ILE-CHAUVET,

ORDRE DE St-BENOIT,

DANS LE DIOCÈSE DE LUÇON,

Par

LE P. ARSÈNE COCHOIS,

Ermite camaldule, prieur de cette maison;

PUBLIÉ ET ANNOTÉ

Par Armand GUÉRAUD,

Correspondant du Ministère de l'Instruction publique pour les travaux historiques, de la Société impériale des Antiquaires de France, membre de la Société académique de Nantes, etc.

NANTES,

IMPRIMERIE A^nd GUÉRAUD ET Cie,

RUE BASSE-DU-CHATEAU, 6.

1854.

MÉMOIRE HISTORIQUE

SUR

L'ABBAYE DE L'ILE-CHAUVET

Étymologie. — On ne sait pas d'où l'abbaye tire son nom. Les uns disent qu'il vient de sa situation au milieu d'une grande étendue de marais et de prairies totalement découverte, ce qui en rend la superficie comme chauve, terme qui s'exprime en latin par *calvatus* ou *calvetus,* des verbes *calvo* et *calveo;* d'autres prétendent que l'abbaye porte le nom de son fondateur ou de celui qui l'a habitée le premier. Il y a encore des gens, dans le pays, qui s'appellent Chauvet. L'abbaye se désigne en latin par ces mots propres *Insula Calveti,* comme le prouvent les histoires et les anciens titres qui en parlent.

Situation. — L'abbaye a été bâtie sur une élévation ou rocher qui formait autrefois une petite île de l'Océan. Les eaux de la mer, qui couvraient les environs, s'étant peu à peu retirées, il s'est formé une plaine assez considérable, convertie aujourd'hui en prairies, terres labourables et salines; ce canton, en général, s'appelle marais. Elle est située sur les confins de la Bretagne et du Poitou, dans le diocèse de Luçon depuis son érection, et auparavant dans celui de Poitiers: distante de dix-sept lieues de la ville épiscopale, de neuf de la ville de Nantes et de deux lieues de celle de Machecoul, capitale du duché de Retz, en tirant vers le levant; de deux lieues des bourgs de la Garnache et de Challans, du côté du midi; de deux grandes lieues de la petite ville de Beauvoir-sur-Mer, au couchant; d'une lieue et demie en droite ligne de l'île de Bouin, et de près de trois lieues de Bourgneuf, du côté nord. Le fief ou terre appelé l'enclave de l'abbaye, parce qu'il l'environne, formait ci-devant une paroisse desservie en l'église du monastère, sous l'invocation de saint André; elle a été réunie, depuis environ deux cents ans, aux paroisses limitrophes de Saint-Étienne de Bois-de-Cené et de Châteauneuf.

Ses fondateurs. — L'auteur de l'*Histoire des Ordres monastiques religieux et militaires,* tome V, page 277, rapporte que quelques-uns prétendent que l'abbaye a été fondée par Charles le Chauve, roi de France, qui régnait au IXe siècle, ou par les comtes de Poitiers. Le père de Sainte-Marthe, bénédictin, dans son histoire intitulée *Gallia christiana,* tome II, colonne 1432, dit au contraire que l'on croit que les fondateurs de l'abbaye sont les moines de l'abbaye de l'Absie, en Gastine, diocèse de la Rochelle, et ses principaux bienfaiteurs, les seigneurs de la Garnache. Cette conjecture ne paraît appuyée que sur la liaison qui existait entre l'abbé de l'Ile-Chauvet et celui de l'Absie, comme il paraît par la confirmation d'un contrat de donation faite à cette dernière abbaye en 1156, dont nous allons parler. Il n'est point étonnant que l'origine de l'abbaye de l'Ile-Chauvet soit ignorée; les titres et pièces qui auraient pu en donner connaissance, ont sans doute été anéantis dans l'incendie qu'éprouva l'abbaye en 1588, ou dispersés dans les guerres civiles que les religionnaires causèrent, dans le même temps, en cette partie du Poitou et dans l'Aunis, province voisine. Quelques-uns disent cependant que ses titres constitutifs furent déposés dans les archives du château de Machecoul. Les religieux actuels de l'abbaye ont même fait quelques démarches pour s'en assurer, mais ils n'ont pu rien apprendre de positif. Il faudrait pour cela faire de longues recherches que l'objet ne semble pas mériter, en supposant que l'on réussît.

Temps de sa fondation. — André Duchesne, géographe du roi, dans son *Histoire généalogique de la maison des Chastaigners,* imprimée à Paris en 1634, en 1 vol. in-fol., dit, p. 11 du Ier livre, que Brunon, abbé de l'Ile-Chauvet, avait eu deux prédécesseurs depuis l'année 1156, savoir : Pierre et Constantin; ce qui a donné lieu à l'auteur de la *Gallia christiana,* à l'endroit ci-dessus cité, de fixer la fondation de l'abbaye aux environs de l'année 1130 ; ce qui n'est encore appuyé que sur des conjectures, car Duchesne ne dit pas que Brunon n'avait eu que les deux prédécesseurs qu'il nomme, mais simplement qu'ils avaient été abbés de l'Ile-Chauvet avant lui. Ce Pierre, que l'on donne comme le premier abbé de ce monastère, parut comme témoin dans la confirmation de l'aumône faite à l'abbaye de l'Absie, en 1156, comme il est rapporté à la colonne 1432 du tome II de la *Gallia christiana;* ce qui constate au moins l'ancienne existence de l'abbaye.

De quel ordre elle est. — L'abbaye est de l'ordre de Saint-Benoît, sous le titre et l'invocation de la très-sainte Vierge, dont l'Assomption est la fête patronale. Elle a été possédée par des Bénédictins depuis sa fondation jusqu'au temps de son désastre, dont nous parlerons bientôt. L'abbé était régulier et portait les marques de cette dignité, telles que sont la croix pectorale, la mitre et la crosse. Depuis l'établissement des *commendes*, l'abbaye a subi le sort de presque toutes les autres : le père et le chef des religieux a été pris parmi les séculiers ; la simple tonsure a rendu apte à posséder des abbayes commendataires. Il y avait noviciat dans l'abbaye, et la communauté était composée de sept à huit religieux, comme on le voit dans quelques anciens actes. Rien ne nous indique que l'abbaye fût associée ou agrégée à quelques autres maisons de l'ordre ; elle se gouvernait elle-même suivant l'ancien usage. Le dernier des Bénédictins qui ait occupé le monastère, s'appelait frère Jacques Girard, et prenait la qualité de prieur ; il a vécu jusqu'en 1625.

Bénéfice en dépendant. — De l'abbaye dépend un petit bénéfice qui formait autrefois un prieuré régulier du même ordre, connu sous le nom de la Jarrie-Vieille-Seigle, situé et desservi en la paroisse de Landevieille, diocèse de Luçon, à présent sécularisé, mais resté en la présentation de l'abbé de l'Ile-Chauvet. Il est chargé d'une messe par semaine, et peut valoir 100 fr. de revenu. Ce bénéfice et le droit de présentation furent reconnus et constatés dans le procès-verbal de la visite faite en la paroisse de Landevieille par Mgr de Barillon, évêque de Luçon, le 29 avril 1681. Il y avait aussi trois chapelles régulières érigées et desservies en l'église de l'abbaye, sous le titre et invocation de saint Julien, de saint Antoine et de saint Sébastien, auxquelles l'abbé nommait également, comme il est constaté par les lettres de provisions pour la chapelle de Saint-Sébastien données, le 23 août 1577, par Nicolas Girard, abbé commendataire de l'abbaye, à Jacques Girard, religieux du monastère, desquelles l'on conserve encore l'original en parchemin : ces chapelles avaient des biens-fonds en suffisante quantité pour les faire desservir; ils sont peu connus aujourd'hui, attendu qu'ils ont été confondus avec tous les autres domaines de l'abbaye dans le partage qui en fut fait entre l'abbé commendataire et les religieux actuels, le 4 janvier 1680. L'on parle en outre d'une quatrième chapelle érigée en l'abbaye sous l'invocation de sainte Catherine, avec pareille charge que les autres; mais aucun titre n'en fait mention, ni des biens qui en pouvaient dépendre : ils ne consistaient peut-être qu'en une pièce de pré appelée l'ouche de Sainte-Catherine, d'environ un journal, actuellement comprise dans l'enclos des religieux.

L'abbaye ayant cessé d'être occupée et régie par des religieux qui fussent enfants du monastère, le père Thomas Hingant, prêtre religieux profès de l'ordre de Saint-Benoît, en l'abbaye de Saint-Sauveur de Redon, en Bretagne, se fit pourvoir en cour de Rome des trois premières chapelles, dont il prit possession vers le milieu du dernier siècle, ainsi qu'il est dit dans une requête par lui présentée au Grand Conseil et répondue le 8 mars 1650, et dans des lettres de commission accordées par le roi le 21 mai 1659 : dans lesquelles lettres il est fait mention d'une transaction passée, le 4 novembre 1654, entre Mgr de Maupas du Tour, évêque du Puy et abbé de l'abbaye, et le père Hingant, touchant les fruits et revenus des trois chapelles, qui furent fixés à 300 fr. par an.

Ses biens et revenus. — L'abbaye possède des biens-fonds, comme maisons, terres labourables, bois taillis, prés et marais salants, qui composent des fermes et des métairies, ainsi que des rentes de différentes espèces. Plusieurs fiefs relèvent d'elle et lui doivent des droits utiles, comme cens, rentes seigneuriales, rachats, lods et ventes, et terrage des fruits, etc. (on entend par terrage le droit qu'a un seigneur de prélever un sixième ou autre partie des fruits croissants sur les biens des vassaux). Elle prétend droit de juridiction haute, moyenne et basse sur quelques-uns des fiefs, et notamment sur celui de l'enclave de l'abbaye. Peu jalouse du droit de haute justice, l'abbaye aurait peine à donner des preuves de l'exercice et usage qu'elle en a fait. Il n'en serait pas de même de celui de moyenne juridiction, au moins sur le fief de l'enclave : ses officiers sont dans l'usage et possession de rendre des sentences de tutelle et curatelle, d'apposer des scellés, de faire des inventaires et ventes des meubles des vassaux de ce fief, tous actes qui appartiennent à la moyenne justice, suivant l'article 16 de la coutume du Poitou. L'abbaye a en outre droit de chasse et de pêche sur ses fiefs et domaines, et est dans l'usage de tenir des assises ou plaids pour la manutention de ses droits et le recouvrement de ce qui lui est dû, en faisant rendre, recevant ou blâmant des aveux, déclarations et autres actes, et prononçant les sentences et jugements que les cas et circonstances exigent. Cette justice est composée d'un sénéchal, d'un procureur fiscal, d'un greffier et d'un sergent, auxquels l'abbé donne des provisions.

Titres et pièces des propriétés de ses biens. — Une possession immémoriale est un des meilleurs titres qu'ait l'abbaye de la propriété de ses biens. Ceux échappés à l'incendie dont nous avons parlé, et fournis depuis, consistent dans un papier censaire rentier qui marque succinctement et par articles les cens et rentes féodales, et les rentes foncières dues à l'abbaye, dont une copie collationnée par notaire le 15 janvier 1639, a été citée, comme authentique, dans un arrêt du parlement de Paris rendu contre un débiteur, le 3 mars 1693, et dans beaucoup d'autres jugements; plus, dans des aveux et déclarations rendus depuis trois siècles par les vassaux et tenanciers de leurs fiefs et domaines. Ils ont en outre des liasses de baux à ferme et à loyer des fonds qui appartiennent en propriété à l'abbaye, ainsi que plusieurs autres pièces qui suffisent, avec les précédentes, pour garantir et défendre les abbé et religieux de toute éviction.

Titre que porte l'abbaye et de qui relèvent ses biens. — L'abbaye porte le titre de *royale;* elle ne reconnaît d'autre juridiction que celle du Roi en ses bailliages et autres cours. Quand l'abbé commendataire décède en sa maison abbatiale, ce sont les officiers royaux qui apposent les scellés sur les effets de sa succession et qui en font l'inventaire.

Elle possède tous ses biens en franc alleu noble; elle ne donne aucun aveu ni dénombrement aux seigneurs particuliers, et ne leur paie aucuns droits ni redevances, à l'exception de la quatrième partie du fief féal situé en la paroisse de la Garnache, du lieu et tenement de la Mothe-Bardet et des prés Gallais et Chelais, situés en la paroisse de Châteauneuf, qui relèvent du marquisat de la Garnache, savoir : les deux premiers objets, à foi et à hommage, et le dernier, à titre de roture, comme l'a reconnu le fondé de procuration de l'abbé commendataire actuel, par deux hommages et une déclaration passée devant les notaires dudit marquisat les 2 avril et 14 juin 1753.

Les seigneurs du marquisat de la Garnache, ou plutôt leurs procureurs fiscaux, ont fait tous leurs efforts pour assujettir l'abbaye et tous ses domaines à la juridiction et mouvance de leur marquisat, sous prétexte que l'abbaye, ses biens et fiefs sont enclavés dans l'étendue de ladite terre; mais les abbé et religieux ont toujours soutenu que, n'ayant jamais reconnu cette juridiction, ni payé aucune redevance au marquisat, ils étaient censés tenir et tenaient effectivement tous leurs biens en franc alleu, suivant la disposition de l'article 52 de la coutume du Poitou (excepté les objets ci-dessus désignés); ce que les officiers de monseigneur le duc de Villeroi, propriétaire de la terre, ont eux-mêmes reconnu, en prétendant cependant que, malgré le franc alleu, les abbé et religieux étaient obligés de reconnaître un seigneur pour la juridiction et de lui rendre une déclaration de tous leurs domaines; à quoi ces derniers ont répondu que s'ils tenaient leurs biens et domaines en franc alleu roturier sans justice annexée, ils seraient absolument nécessités de reconnaître une juridiction, suivant l'art. 68 de la coutume de Paris et le 255 de celle d'Orléans, par la raison que tout héritage et toutes personnes sont sujets à la justice royale ou subalterne, l'exemption des droits seigneuriaux n'ayant rien de commun avec l'exemption des droits de justice, et que tenir en franc alleu n'est autre chose que de tenir seulement de Dieu, excepté quant à la justice, suivant la remarque de Boutillier en sa *Somme rurale;* d'où les abbé et religieux ont conclu, par un argument *à contrario,* que, tenant en franc alleu noble, avec justice annexée, les domaines et fiefs dépendant du temporel de leur abbaye, ils n'étaient nullement obligés d'en rendre déclaration à monseigneur le duc de Villeroi, ni encore moins de reconnaître sa justice: n'importe, ont-ils ajouté, que la justice annexée aux fiefs de l'abbaye, soit haute, moyenne ou basse; dès là que toute justice est noble comme venant du roi ou dépendant de la justice royale, il suffit qu'ils aient la juridiction foncière attachée de droit aux fiefs en Poitou, suivant l'article 17 de la coutume de la province, pour se dispenser de reconnaître celle du marquisat de la Garnache, et de lui fournir une déclaration de leurs biens. Au surplus, si les abbé et religieux étaient obligés, dans le cas du franc alleu noble, de donner ladite déclaration et de reconnaître une justice, ils ont encore soutenu que ce ne devait point être celle du marquisat de la Garnache, mais bien le présidial de Poitiers, et que ladite déclaration ne serait due qu'à la chambre du domaine du roi. Sur toutes ces prétentions respectives, Mgr le duc de Villeroi et les abbé et religieux sont en instance au présidial de Poitiers : un arrêt de cour souveraine pourra seul décider la question définitivement.

Désastre de l'abbaye. — L'auteur de l'*Histoire des Ordres monastiques,* à l'endroit ci-devant cité, parle en ces termes du renversement de la discipline régulière en cette abbaye : « Elle était possédée » en commende par l'abbé Claude du Puy du Fou, gentilhomme » poitevin, lorsque Benjamin de Rohan, seigneur de Soubise, en » chassa les religieux pour y mettre une garnison de soldats calvi- » nistes. Le roi Louis XIII la donna, après la réduction de la » Rochelle (en 1628), au cardinal Alphonse Duplessis de Richelieu, » archevêque de Lyon, grand aumônier de France, qui y mit quel- » ques prêtres séculiers pour y faire le service divin. » Nous observons que ce cardinal ne succéda pas immédiatement à Claude du Puy du Fou, comme nous le ferons voir ci-après dans la liste des abbés. L'auteur de la *Gallia christiana* (tome et colonne ci-dessus cités) parle de l'incendie qu'éprouva l'abbaye dans le temps des guerres civiles, en 1588. Cet événement a dû arriver vers le 16 mars de la même année, que les capitaines de Boury et de Granville parcoururent la contrée et pillèrent la paroisse de Bois-de-Cené, dont ils brûlèrent aussi l'église. A la Saint-Michel de la même année, ils mirent le siége devant le château de Beauvoir-sur-Mer, et à Noël suivant devant celui de la Garnache. L'abbaye étant située entre ces deux endroits, ces ennemis des choses saintes et surtout des religieux ne manquèrent pas de décharger leur fureur sur ce monastère, et d'y vivre à discrétion. Il y a cependant toute apparence que les gros murs de l'église et quelques autres bâtiments furent épargnés, à en juger par l'antiquité de la bâtisse.

Cause de l'extinction des moines bénédictins dans l'abbaye. — Le père Hingant, dans sa requête présentée au Grand Conseil le 8 mars 1650, dit positivement que du temps que le cardinal de Richelieu était abbé de l'Ile-Chauvet, la conventualité y fut supprimée par l'empêchement fait aux religieux qui y vivaient alors, d'en recevoir d'autres pour leur succéder. Il ajoute que le cardinal archevêque de

Lyon, qui était pourvu de l'abbaye, jouissait de tous ses revenus et de celui des chapelles, et avait refusé de le recevoir pour religieux dans l'abbaye, quoiqu'il eût obtenu en cour de Rome un décret pour s'y faire transférer. Il est plus probable, néanmoins, que le déplorable état où les guerres civiles réduisirent le monastère et le trop petit nombre de religieux qui survécut à cet événement, furent la cause principale de cette extinction de conventualité.

Vains efforts de quelques Bénédictins pour rétablir la conventualité. — Dans une quittance donnée par le père Jacques Girard, le 11 janvier 1609, au nommé Jacques Prieux, fermier du temporel de l'abbaye, de sa pension et de celle du sieur Jacques Grillaud, il est parlé de Jean Angillaume, ci-devant novice en l'abbaye, ce qui annonce le zèle de ce prieur pour le rétablissement de sa communauté. Le père Hingant, dans ses requêtes et lettres de commission ci-dessus datées, demandait aussi que les bâtiments réguliers fussent visités et réparés, et la conventualité rétablie. Le Grand Conseil, par son arrêt du 31 mars 1650, confirmatif d'un autre du 13 octobre 1648, nomma commissaire *ad hoc* messire Hippolyte d'Argentré, conseiller en la cour, qui se transporta en conséquence jusqu'en la ville de Rennes, en Bretagne, d'où il rendit un mandement ou ordonnance, le 16 septembre de la même année, qui enjoignait à Antoine Pelletier, fermier du temporel de l'abbaye, de payer une somme de 500 livres pour fournir aux frais de sa commission. Ce commissaire, étant tombé malade, il ne put aller en avant; et, quoique par une autre requête présentée depuis au Grand Conseil, le père Hingant eût demandé que les deux arrêts fussent exécutés par le premier juge des lieux sur ce requis, en cas de refus ou d'absence du sieur d'Argentré, il paraît que les choses en restèrent là; ce qui détermina, sans doute, le père Hingant à transiger sur le revenu des chapelles, d'abord à 200 livres avec M. le cardinal archevêque de Lyon, abbé de l'abbaye, et ensuite à 300 livres avec M. du Tour, évêque du Puy, son successeur, comme il est porté dans les lettres de commission du 24 mai 1659, dont nous avons parlé plus haut à l'article des chapelles.

L'abbaye desservie par des prêtres séculiers. — Ces Bénédictins n'ayant pu remonter l'abbaye d'un nombre suffisant de religieux pour l'administrer, elle en fut totalement dépourvue par la mort du père Jacques Girard, arrivée en 1625, et par l'empêchement apporté à la réception du père Hingant, qui devint ensuite prieur de l'abbaye de

Blanche-Couronne, au diocèse de Nantes : l'abbé commendataire, qui jouissait alors de tout le temporel, fut aussi chargé de tout le spirituel. Afin de remplir une partie de ses obligations, il établit en l'abbaye des prêtres séculiers pour faire l'office divin et acquitter les fondations. La première quittance que nous ayons de leurs honoraires est du 23 septembre 1610; il ne paraît pas qu'ils aient été plus de trois à la fois, souvent il n'y en avait qu'un. N'étant point astreints à la stabilité comme les religieux, ces prêtres séculiers n'usaient que trop de leur liberté au préjudice de leurs devoirs et du bon ordre : le public n'en était point édifié ; les vues de l'abbé commendataire n'étaient point remplies ; l'église et les bâtiments tombaient en ruine, faute d'être occupés et entretenus.

Pour remédier à tous ces maux, le seigneur de Maupas du Tour, devenu évêque d'Évreux, en Normandie, abbé de l'abbaye depuis 1653, zélé pour la discipline ecclésiastique et monastique, pensa sérieusement à faire refleurir celle-ci dans son abbaye de l'Ile-Chauvet. Pour y parvenir, il voulut l'agréger à la congrégation de Saint-Maur, de l'ordre de Saint-Benoît, érigée par Grégoire XV en 1621, qui continuait de donner de grands exemples de piété et de régularité. En conséquence, il passa un concordat avec dom Bernard Audebert, supérieur général de la congrégation, devant Huart et son confrère, notaires à Paris, le 10 août 1668, qui devait être ratifié par le chapitre général alors prochain. Cette ratification n'ayant point été faite ni aucunes lettres patentes sollicitées, par des raisons que nous ignorons, le concordat demeura nul et sans effet.

Ermites camaldules sont introduits dans l'abbaye. — Mgr l'évêque d'Évreux n'ayant pu exécuter son projet avec les Bénédictins, se tourna du côté des Camaldules, enfants de Saint-Benoît, qui étaient entrés et autorisés en France environ depuis quarante ans, et dont la vie pénitente et austère commençait à être connue du public. Il leur proposa donc d'agréger à leur congrégation l'abbaye de l'Ile-Chauvet; ce que ceux-ci ayant accepté, M. de Maupas du Tour fit avec eux un concordat passé devant Leroi et son confrère, notaires à Évreux, le 26 juin 1679, entre le seigneur abbé, d'une part, et le R. P. Benoît, premier visiteur général des Camaldules, fondé de procuration spéciale des RR. PP. Arsène Deschamps, supérieur général ou majeur, et Maur Champion, second visiteur de la congrégation, d'autre part, par lequel concordat le seigneur abbé a consenti, tant pour lui que pour les abbés ses successeurs, que l'abbaye de N.-D. de l'Ile-Chauvet demeurât unie et agrégée à perpétuité à la congrégation des Camaldules, pour être gouvernée et régie selon les statuts et constitutions d'icelle, sans diminution toutefois ni changement de la dignité abbatiale, excepté le droit de pourvoir aux places monacales, qui dès lors demeurèrent supprimées en faveur de la congrégation. « Consentant ledit seigneur abbé qu'il » soit établi et demeure à perpétuité dans ladite abbaye, une com» munauté de religieux de la congrégation des Camaldules, pour y » faire et célébrer les offices divins, dire les messes, acquitter les » obits et fondations ordinaires, conformément aux cérémonies et » usages d'icelle, et comme il se pratique en ses autres monastères. »

« Que, pour l'entretien de ladite communauté, ledit seigneur » abbé, tant pour lui que pour ses successeurs abbés, a donné, » cédé et délaissé, donne, cède et délaisse dès à présent et pour » toujours aux religieux de la congrégation des Camaldules, le tiers » en fonds de tous les revenus de ladite abbaye, franc et exempt de » toutes charges, fors de celles qui pourraient être ci-après expri» mées, dont partage sera fait dans six mois au plus tard, pour com» mencer la jouissance au premier d'avril prochain de l'année 1680. »

A l'égard des réparations des bâtiments claustraux, maisons, lieux et enclos, lesdits religieux les agréèrent en l'état qu'ils étaient, et promirent de se contenter à l'avenir, pour l'entretien de tous ces objets, de la somme de 400 livres par an; une certaine muraille de séparation et l'église furent exceptées, pour être entretenues de toutes réparations par ledit seigneur abbé et ses successeurs.

Patentes et autres pièces approbatives de l'introduction et de la situation des Camaldules avec leurs abbés. — Comme nous donnerons à la fin de ce mémoire une copie exacte tant du concordat que des autres pièces relatives à l'établissement des pères Camaldules en l'abbaye et à leur situation avec leurs abbés commendataires, nous ne ferons que rendre compte de toutes ces pièces dans la suite de notre narration.

D'après les engagements respectivement contractés entre le seigneur de Maupas du Tour et les pères Camaldules, le premier présenta un placet au roi tendant à ce qu'il lui fût permis d'introduire les religieux dans l'abbaye. Cette introduction n'était pas tant un établissement nouveau qu'un moyen très-facile d'empêcher la ruine totale d'un ancien monastère. Le père de La Chaise, jésuite, confesseur de Sa Majesté, répondit au bas du placet « que le roi accordoit » la demande du dit seigneur évêque d'Evreux, et envoyait les pères » Camaldules à monsieur le marquis de Louvois pour l'expédition » des lettres patentes de leur établissement en la dite abbaye. »

Ces derniers, ayant fait les démarches convenables, obtinrent effectivement de la bonté de Louis XIV des lettres patentes données à Saint-Germain-en-Laye, au mois de juillet 1679, adressantes à la cour du parlement de Paris et à tous autres officiers qu'il appartiendrait ; par lesquelles Sa Majesté, inclinant à la demande du seigneur évêque d'Évreux, et désirant donner des marques de l'affection toute particulière qu'elle avait pour les pères Camaldules, en considération de leur piété et vie exemplaires, a loué, agréé, confirmé et approuvé le concordat, pour jouir par les Camaldules de l'effet d'icelui, suivant leur institut, sans qu'ils puissent être troublés ni inquiétés par quelques personnes et sous quelques prétextes que ce fût.

Pour parvenir à l'enregistrement de ces lettres patentes, les pères Camaldules présentèrent leur requête au Parlement. Cette cour ne faisant jamais droit que préalablement les lois et usages du royaume ne soient remplis, ordonna, par son arrêt du 7 septembre 1679, qu'à la requête de M. le procureur général, il serait informé par le lieutenant général de Fontenay-le-Comte, poursuite et diligence de son substitut audit siége, de la commodité ou incommodité que pouvait apporter l'établissement des suppliants en l'abbaye, et que les lettres patentes seraient communiquées à l'évêque de Luçon et au général de la congrégation de Saint-Maur, ordre de Saint-Benoît, pour donner sur les lettres leur consentement, ou y dire ce que bon leur semblerait.

Mgr Henri de Barillon, dont la mémoire est en bénédiction dans ce diocèse, donna sa permission pour l'établissement des Camaldules dans l'abbaye, le 5 novembre 1679, aux conditions portées en la requête à lui présentée à cet effet. Il avait déjà permis aux religieux de demeurer dans l'abbaye et d'y célébrer la sainte messe et l'office divin, par un acte du 7 septembre précédent.

Le R. P. Marsolle, général de la congrégation de Saint-Maur, donna aussi son consentement pour l'introduction, le 2 décembre 1679, au bas de la requête à lui présentée à cet effet, reconnaissant les Camaldules pour enfants de Saint-Benoît.

Le consentement de l'évêque diocésain était nécessaire, parce que l'abbaye était soumise à son autorité et juridiction depuis l'extinction de la conventualité; et celui du général de Saint-Maur l'était aussi, pour reconnaître et constater que les Camaldules sont enfants de Saint-Benoît, qualité qui leur donne droit de prétendre aux maisons vacantes dudit ordre.

A l'égard du procès-verbal de *commodo et incommodo,* il fut fait par le lieutenant général de Fontenay, poursuite et diligence du procureur du roi audit siége, les 13 et 14 novembre 1679, en conséquence d'une sentence du 7 du même mois, qui ordonnait leur transport en l'abbaye; des assignations données les 9 et 10, et d'un autre procès-verbal de comparution de témoins du 10 et jours suivants des mêmes mois et an. Tous les témoins entendus déposèrent que l'introduction des pères Camaldules en l'abbaye ne pouvait qu'être édifiante et avantageuse au public.

Ces formalités remplies, le Parlement enregistra les lettres patentes par son arrêt du 7 décembre de l'année 1679, et, le 2 janvier suivant, le père Placide Aubert, comme fondé de procuration du R. P. majeur de la congrégation, fut mis en possession de l'abbaye par messire Michel Veausse, prêtre-curé de Bois-de-Cené, en vertu de la commission à lui donnée par Mgr l'évêque de Luçon, le 12 dudit mois.

Le 4 janvier 1680, il fut procédé au partage de tous les biens de l'abbaye, par acte passé devant Métairon et son confrère, notaires au marquisat de la Garnache, entre le fondé de procuration du seigneur de Maupas du Tour, abbé, et le R. P. Placide Aubert, supérieur de l'abbaye, tant en son nom que comme se faisant fort des autres religieux de sa congrégation. Tous les biens furent distribués en trois lots égaux : le premier échut à Mr l'abbé; le second, aux pères Camaldules, et le troisième, au seigneur abbé, pour subvenir aux charges de l'abbaye suivant l'usage en pareil cas usité.

Le même jour du partage, il fut fait une convention entre les mêmes parties, touchant les alignements et bâtiments y énoncés.

Le 13 février suivant, les définiteurs du chapitre général des Camaldules ratifièrent les concordat, partage et convention susdits, et, de son côté, le seigneur abbé approuva les partage et convention, par acte passé devant Buzot, notaire à Évreux, le 28 du même mois de février 1680.

Cet abbé étant mort peu de temps après, les Camaldules, par un effet de leur reconnaissance de ses bienfaits, ordonnèrent qu'ils célébreraient à perpétuité un anniversaire pour le repos de son âme.

Le 25 septembre 1685, messire Gaspard-Alexandre de Coligny, successeur de Mgr de Maupas du Tour en l'abbaye, fit un traité ou concordat avec les pères Camaldules, devant les notaires de la Garnache, par lequel il accorda aux religieux la somme de cent cinquante livres par an, à condition qu'ils recevraient l'église dans l'état de ruine où elle se trouvait, et qu'ils l'entretiendraient de grosses et menues réparations auxquelles lui et son prédécesseur étaient obligés par le concordat ci-devant daté et analysé. Laquelle somme, jointe aux 400 livres stipulées par le concordat pour les réparations des bâtiments claustraux, formerait une somme totale de 550 livres, qui serait annuellement donnée aux pères Camaldules, en considération du mauvais état de l'église depuis nombre d'années, et des sommes considérables qu'il faudrait pour la rétablir ; auxquelles réparations les religieux se sont obligés, à cause de la somme de 550 livres, à défaut de paiement de laquelle par la suite, le traité porte que l'on serait contraint de leur rendre ce qu'ils auraient avancé, ce qui monterait plus haut que ce qu'on leur donnait.

Offices et fondations à acquitter par les religieux. — Dans ce traité, l'on a expliqué les charges et obligations de l'église auxquelles Mgr l'évêque d'Évreux avait obligé les pères Camaldules par le premier concordat, qui sont telles :

L'office canonial tous les jours avec la messe conventuelle.

Quatre messes toutes les semaines pour les quatre chapelles érigées dans l'abbaye.

Le premier jour de mai, une messe anniversaire avec un *Ne recorderis.*

Le jour de la Magdeleine, une messe anniversaire avec un *Ne recorderis.*

Tous les premiers jours du mois non empêchés, l'office des morts.

La Dédicace de l'église, le 3 février, avec octave.

Fête de saint Benoît, le 21 mars. Fête solennelle, 15 août.

Tous les samedis, après la messe conventuelle, un répons *Ne recorderis, De profundis,* verset et oraison *Pro sacerdote* M. Gilles, donateur de la Mothe-Bardet.

Messire Léon d'Illiers d'Entragues, successeur du sieur abbé de Coligny, confirma, par sa conduite et ses lettres, les concordat et traité.

Messire Jacques de Candeau, qui succéda au sieur abbé d'Illiers, ne suivit qu'avec peine les concordat et traité; mais, les religieux ayant pris des tempéraments avec lui, et étant d'ailleurs disposés à défendre leurs droits, il mourut sans entrer en instance contre eux.

Il n'en fut pas de même de messire Amable-Charles de Turenne d'Aynac, successeur du sieur abbé de Candeau. Il n'hésita point de procéder et de plaider contre les pères Camaldules. Ceux-ci, pour le bien de la paix et par la nécessité des temps, furent d'avis de lui accorder ce qu'il demandait, par une transaction passée devant les notaires du marquisat de la Garnache, le 4 novembre 1709, en se contentant de la somme de 400 livres par an, en faveur et pendant la vie du sieur abbé d'Aynac seulement, pour toutes les réparations des bâtiments claustraux et les menues réparations de l'église, que le sieur abbé demeura chargé d'entretenir de grosses réparations. Cette transaction fut ratifiée par les révérends pères majeur et visiteurs des Camaldules, le 26 septembre 1713, et par leur chapitre général, le 16 mai 1715.

Le 13 juin 1713, le sieur abbé d'Aynac et les religieux firent une convention pour la démolition d'une espèce de colombier, appelé fuie, qui était dans la cour des religieux, et pour la construction de plusieurs portes.

Le sieur abbé d'Aynac ayant voulu se prévaloir de la transaction de 1709, pour inquiéter les religieux sur différents chefs, il s'éleva entre eux une instance qui fut d'abord portée au présidial de Poitiers, et, par appel de la part de l'abbé qui avait été condamné, au parlement de Paris. Sur lequel procès les parties transigèrent, le 14 janvier 1719, par acte passé devant les notaires de la Garnache, portant, entre autres choses, que les religieux demeureraient chargés des grosses réparations de l'église, dont était tenu auparavant ledit sieur abbé, à condition par lui de leur payer annuellement la somme de 150 livres, outre et non compris les 400 livres qu'il leur payait auparavant, pour les réparations des bâtiments claustraux. Il fut statué sur différents autres points qu'il serait superflu de rapporter ici; la lecture de la pièce mettra amplement au fait. Enfin, le sieur abbé paya aux religieux une somme de mille livres pour tous les frais, dépens, dommages et intérêts par eux prétendus contre lui.

Messire Jacques d'Aubusson de la Feuillade, successeur du sieur d'Aynac, et abbé actuel de l'abbaye, après avoir imité son prédécesseur dans les difficultés qu'il fit aux religieux, tant sur l'article des réparations que sur différents autres, subit le même sort au présidial de Poitiers. Il interjeta appel de la sentence au Parlement; mais, bientôt après, il se détermina à transiger avec les Camaldules, par acte passé devant les notaires du marquisat de la Garnache, le 10 février 1751, portant obligation, de la part de son fondé de procuration, de payer et continuer aux religieux la pension annuelle de 550 livres, pour toutes les réparations grosses et menues de l'église et des bâtiments claustraux ; et il leur fit payer la somme de mille livres, pour les dépens, dommages et intérêts du procès.

L'on voit par l'exposé des instances et transactions sur icelles, que les derniers abbés de l'Ile-Chauvet ont été obligés d'en revenir aux conditions du traité fait entre M. l'abbé de Coligny et les religieux en 1685. Une telle expérience convaincra sans doute les abbés qui succéderont à M. d'Aubusson, que quand l'équité et les lois militent en faveur des religieux d'une abbaye, c'est à pure perte qu'on entreprend de les molester.

Anniversaire pour des abbés commendataires. — Nous avons dit plus haut que les Camaldules font tous les ans un service pour monsieur de Maupas du Tour, leur abbé introducteur dans l'abbaye. Ils se sont en outre obligés de dire quatre anniversaires pour le repos de l'âme de M. l'abbé d'Aynac, en reconnaissance du don que leur a fait après sa mort, le 14 octobre 1726, M. le marquis d'Aynac, tant pour lui que pour les dames ses sœurs, héritières du sieur de Turenne d'Aynac leur frère, lesquels services doivent être célébrés, l'un, le 10 février; le 2e, le 10 mars; le 3e, le 10 d'avril, et le 4e, le 10 de mai.

Travaux des Camaldules depuis leur établissement en l'abbaye. — Reprenons maintenant les choses de plus haut. Après que les ermites camaldules furent établis dans l'abbaye, ils s'appliquèrent à réparer l'église et les bâtiments, à former leur jardin, enclos et basse-cour d'une manière convenable à leur institut. Ils changèrent l'usage et la forme de certains appartements en d'autres qui leur fussent analogues; abattirent des murailles, en construisirent d'autres; bouchèrent des portes, en percèrent de nouvelles, et haussèrent plusieurs terrains. Ils bâtirent ensuite des cellules au nombre de six, dont une pour le prieur dans un vieux corps de logis, et cinq à l'entrée du grand jardin, en forme de pavillons, couvertes d'ardoises, ayant chacune leur petit parterre et séparées l'une de l'autre suivant leur règle, tirant leur jour du côté de l'orient et fournissant aux solitaires, par leur position, un coup d'œil agréable sur les prairies et la paroisse de Bois-de-Cené, qui n'en est éloignée que d'un quart de lieue. Outre ces cellules, les religieux ont fait faire et accommoder plusieurs chambres au premier étage d'un vieux corps de logis ; au rez-de-chaussée d'un autre est une salle pour servir de réfectoire quand la communauté mange en commun, et pour recevoir les hôtes ; pour les loger, il y a une grande chambre à plusieurs lits, construite dans le premier bâtiment près la porte d'entrée. Les religieux abandonnèrent l'ancienne sacristie, qui était trop humide, pour lui en substituer une autre qu'ils bâtirent dans un endroit plus sec et plus à la proximité du chœur. Elle sert en même temps de chapitre pour différents exercices de la communauté. Devant cette sacristie, ils ont fait un cimetière pour la sépulture des religieux, le long duquel est un passage pour arriver des cellules à l'église. Chaque ermite, en allant et venant aux offices, regarde cette dernière demeure et ses attributs, qui semblent lui répéter ce que la religion et la raison nous disent si hautement : *Memento mori*.

Embellissements. — Les choses nécessaires finies, les Camaldules passèrent aux embellissements. L'église méritait la préférence. Ils en exhaussèrent le chœur, le firent voûter, l'ornèrent d'un autel d'un ordre d'architecture au-dessus du commun, appliqué contre le pignon ; élargirent quelques croisées, pour donner plus de jour ; firent régner autour du chœur une boisure avec des stalles. Le clocher et ses deux cloches furent transportés sur l'aile droite de l'église : la plus grosse de ces cloches peut peser environ huit cents ; le son, en étant des plus sonores, se fait aisément entendre aux environs ; l'horloge et la sonnerie de l'abbaye servent à régler le dehors comme le dedans. Les habitants du voisinage et les marchands qui vont toutes les semaines aux marchés de Challans et de Beauvoir, en profitent pour distinguer les heures du jour et de la nuit ; ils conviennent que ces bouches inanimées sont assez éloquentes pour les rappeler à Dieu.

Dans la prairie, appelée l'ouche de Sainte-Catherine, comprise dans l'enclos du monastère, est une élévation ou terrasse faite de terres rapportées, sur le côté opposé au nord, qui domine toute la plaine du marais. De là on aperçoit aisément, avec une lunette d'approche, une partie de Machecoul, de Fresnay, de Saint-Cyr, de

Bourgneuf, et le reste de la côte jusqu'à l'île de Bouin ; l'on voit aussi confusément les eaux de la mer, et distinctement les mâts des navires qui sont dans la baie de Bourgneuf. Cette terrasse est plantée de trois allées d'ormeaux qui se terminent en berceau : au bout de l'allée du milieu est une petite grotte ou chapelle voûtée, où les solitaires vont se reposer après la promenade. Cette chapelle a été bâtie, en 1761, de pierres tirées dans le bas de l'ouche, qui ne sont autre chose qu'un sable de mer pétrifié, sur lesquelles l'empreinte des coquillages était encore toute formée.

Dans le grand jardin sont deux canaux, l'un d'eau douce pour l'arrosement des légumes, l'autre d'eau salée pour y entretenir et conserver du poisson de mer. Cette eau parvient dans ce réservoir par le moyen d'un arbre creusé appelé *coëf,* qui communique, par-dessous le mur d'enclos, dans un fossé qui reçoit l'eau salée d'un canal nommé *étier,* lequel a son embouchure dans le bras de mer appelé le Dain, qui entoure l'île de Bouin et la sépare du Bas-Poitou. Cet étier et les autres de la contrée avaient de tout temps servi à communiquer l'eau de mer aux marais salants, pour la formation du sel ; mais, par un événement dont je ne puis m'empêcher de faire mention, l'on sera privé de ce bienfait.

Depuis une vingtaine d'années, les boues ou vases se sont accumulées vers le milieu du bras de mer susdit et ensuite vers son embouchure, à un tel point que son lit s'est trop exhaussé pour continuer de recevoir le flux et le reflux de la mer comme auparavant ; ce qui l'a comblé et rendu de niveau, en plusieurs endroits, aux terres qui le bordent. Par une suite nécessaire de cette disette d'eau dans le Dain, les étiers en ont eux-mêmes souffert en ne recevant plus, à leur embouchure, un volume d'eau capable d'être porté et répandu dans tous les marais salants, dont quelques-uns sont éloignés de plus d'une lieue de ce bras de mer. Les étiers sont aussi presque tous comblés par les vases que l'eau bourbeuse du Dain y a déposées ; de sorte qu'une partie des salines de l'île de Bouin, de Beauvoir, de Saint-Gervais, de Châteauneuf, de l'île Chauvet et de Bois-de-Cené est déjà abandonnée ; le reste ne vaut guère mieux. Il résulte encore beaucoup d'autres inconvénients du comblement du bras de mer et des étiers, relativement aux fossés qui coupent et qui partagent les prés et terres labourables du marais. Quelques zélés patriotes ont fait paraître, dans des feuilles périodiques, plusieurs lettres sur cet événement et les remèdes que l'on pourrait y apporter ; mais l'entreprise paraît au-dessus des forces du public local : l'État seul pourrait s'en charger. Je finis cette digression, pour revenir à la description de notre ermitage et la terminer en peu de mots.

Dans le grand jardin, au-dessous des cellules, est une petite chambre à feu où les religieux lavent et blanchissent eux-mêmes leurs habits. En remontant et à partir de la dernière cellule du côté du nord, règne une allée de noyers terminée par un portail qui donne sur la prairie, par où l'on va plus promptement au bourg de Bois-de-Cené.

La principale entrée de l'abbaye est du midi au couchant. On arrive par une chaussée pratiquée entre deux prairies et bordée de fossés : on rencontre d'abord sur la droite une métairie, ensuite la maison abbatiale où loge le fermier; une garenne de bois de haute futaie est vis-à-vis. Un peu plus loin se présente un chemin entre deux murs, qui conduit à l'église, à côté de laquelle est la porte du monastère : elle ouvre et donne sur une petite basse-cour, que l'on traverse pour gagner un passage sur la gauche, qui conduit dans le jardin de l'ancien cloître, entouré de trois corps de logis et de l'église, qui en font un carré. Dans ces bâtiments sont par bas un pressoir, la chambre d'hôtes, le bûcher, la salle de compagnie qui sert de réfectoire, la cuisine, la cave, l'appartement ou cellule du prieur avec la procure joignant. Par en haut sont deux beaux greniers qui servaient de dortoirs aux anciens Bénédictins, et quelques chambres. Après l'ancien cloître est une cellule sur la droite, près la cuisine, où demeure ordinairement le frère cuisinier. Plus loin commence le grand jardin, dans toute la largeur duquel règne une rue ou allée sur laquelle sont bâties les quatre autres cellules, en alignement du midi au nord, dont la façade est au levant. En général, tous les anciens bâtiments du monastère sont solides, mais sans goût. L'église est construite en pierres de taille dures, et forme une croix; elle est trop vaste pour une communauté de sept à huit religieux et le peu de monde qui vient ordinairement y entendre la sainte messe et l'office divin. L'air de la contrée est malsain, à cause de la proximité de la mer et des marécages. Le pays est riche par lui-même et très-peuplé. Le commerce consiste en chevaux et bestiaux, en blé et en sel. Cependant, le menu peuple, du marais surtout, est souvent réduit à la mendicité, par le défaut de travail dans certains temps de l'année, et par paresse, ce qui occasionne une foule de pauvres à la porte du monastère. L'abbé commendataire fait donner tous les ans par son fermier aux pauvres des paroisses où l'abbaye a du bien, la quantité de deux cents boisseaux de grain; le boisseau pèse soixante livres. Les religieux, de leur côté, leur distribuent du pain et d'autres effets, quelquefois au delà de leurs facultés. Enfin l'abbaye paie au moins 1500 # de décimes, et ses biens sont sujets à beaucoup de réparations. Toutes ces charges affaiblissent beaucoup son revenu (1).

Conduite des Camaldules en l'abbaye, et sainteté de quelques-uns. — Les ermites camaldules se sont efforcés, depuis qu'ils sont en l'abbaye, de s'y sanctifier et d'y édifier le prochain par la pratique exacte de leurs règle et constitution. S'ils n'ont pu, à cause de leur petit nombre, garder la retraite et le silence avec la même exactitude suivie dans leurs autres maisons, la différence vient de la multiplicité des affaires attachées au gouvernement de celle-ci : l'on sait que les biens nobles et les droits féodaux sont d'une régie et d'un recouvrement plus difficiles et embarrassants que les autres. Le déplorable état dans lequel les religieux trouvèrent l'église et les bâtiments, les titres et papiers de l'abbaye ; le retard dans lequel étaient les vassaux et débiteurs à l'égard du paiement de plusieurs rentes et de la reconnaissance de celles-ci ; les instances et procès qu'il fallut soutenir, tant en demandant qu'en défendant, contre différents seigneurs voisins et les tenanciers de certains domaines mouvants du monastère ; enfin, les débats survenus entre les derniers abbés commendataires et leurs religieux; toutes ces tristes circonstances ont empêché les Camaldules de suivre parfaitement leur attrait pour la retraite, le silence et la prière, apanages d'un vrai solitaire, suivant cette maxime de saint Bernard : *Monachi est officium sedere et tacere.* Aussi la plupart d'entre eux ont-ils souvent gémi devant le Seigneur de ne pouvoir le servir, dans cette maison, avec la liberté et le dégagement d'esprit si nécessaires pour arriver à la contemplation de ses perfections divines. Indépendamment de ces obstacles, plusieurs religieux de l'abbaye y ont donné de grands exemples de vertu. Encore que notre intention ne soit pas de relever en détail des actions que ces saintes âmes ont pris à tâche d'ensevelir dans le

(1) En 1789, l'Ile-Chauvet était taxée 50 florins en cour de Rome, et valait en revenu 4500 livres, d'après l'*Almanach royal* de cette année, pag. 79, et 6000 livres, d'après l'abbé Hugues du Tems. (*Note de l'Éditeur.*)

sein de Dieu, l'édification du prochain m'engage à dire deux mots des frères Louis Guibourg, décédé le 28 mai 1741; Charles Bérard, décédé le 21 décembre 1755, et Paul de la Rocque, mort le 26 décembre 1756, tous trois convers. Il serait difficile de porter plus loin l'amour pratique de son état. Une vie sérieuse que l'acquit exact des obédiences remplissait, une profonde humilité, une obéissance entière aux supérieurs, une mortification continuelle, et surtout une grande charité pour Dieu et le prochain, étaient leurs vertus dominantes. Instruits par une heureuse expérience des avantages de la prière, ils y avaient souvent recours. Le goût particulier du frère Louis était une vie cachée en Dieu et simple aux yeux des hommes. Le frère Charles était un travailleur infatigable; lui seul en valait quatre. La cuisine, le jardin, le blanchissage et d'autres parties suffisaient à peine à son zèle; il avait encore plusieurs écoliers à qui il enseignait à lire en taillant les arbres. Le frère Paul était un homme de gémissement et de désir. Quoiqu'il n'appartienne qu'à Dieu d'apprécier le mérite des saints, il paraît cependant que ce dernier a surpassé les autres dans la voie de la perfection. La méditation et la prière lui étaient devenues comme naturelles. Il se plongeait pour ainsi dire dans ce fleuve de miséricorde et de grâce. Tous ses moments libres étaient employés à ce divin exercice. Son travail était lui-même une prière. Dès onze heures du soir, il allait à l'église, devant le Saint-Sacrement, commencer le repos spirituel que les autres religieux ne devaient prendre que quelques heures après; il sonnait les matines et y assistait. Cet office fini, il revenait dans sa cellule s'occuper à copier des livres et des écrits de piété, ou à d'autres pieux exercices. Comme il est impossible d'aimer véritablement Jésus-Christ sans aimer en même temps l'Église, il avait pour cette épouse du Sauveur tout le respect et la tendresse qu'un enfant bien né et reconnaissant doit porter à cette sainte mère : ses biens et ses maux lui étaient toujours présents; il rendait grâce des uns et gémissait des autres. Tous les différents ordres de l'Église étaient le sujet de sa pieuse sollicitude auprès du Seigneur. Sa mortification était extraordinaire : elle s'étendait sur l'esprit comme sur le corps. Il ne sortait point du monastère, bouchait ses oreilles à toutes nouvelles séculières, ne rompait le silence que pour dire quelque chose de meilleur, suivant cette maxime des pères du désert : *Aut sile, aut dic aliquid meliùs silentio.* Les jeûnes de règle n'étaient pas assez rigoureux pour lui :

il réservait une partie de sa portion pour les pauvres, et se contentait du reste. Les cilices, les chaînes de fer, les disciplines garnies de pointes, étaient les instruments familiers de sa pénitence. On conserve encore dans le monastère une de ses disciplines, teinte de sang. L'infirmerie était sa principale obédience, mais il suppléait quelquefois au cuisinier. Né à Versailles, pays de la plus grande délicatesse, et exercé dans la pâtisserie avant de quitter le siècle, il n'avait pas perdu totalement dans la solitude l'idée et l'adresse de son ancienne profession; lorsque, par ordre de son supérieur, il faisait pour de certains hôtes ou pour des infirmes quelque pâtisserie, l'on s'apercevait de son ancien talent. Si l'on s'avisait de lui en faire compliment, ce bon frère s'en attristait, dans la crainte d'avoir flatté la concupiscence; car le propre des bonnes âmes, dit saint Grégoire le Grand, est de reconnaître du péché où il n'y en a point: *Bonarum mentium est recognoscere culpam ubi culpa non est.* Mgr de Verthamon, ci-devant évêque de Luçon, dans sa dernière visite en la paroisse de Bois-de-Cené et aux environs, fit l'honneur aux Camaldules de cette abbaye, qu'il daignait favoriser d'une estime particulière, de manger chez eux. Le frère Paul n'échappa point à son discernement: il reconnut ce qu'il était. Ce prélat conçut une si haute idée de sa vertu, que chaque fois qu'il voyait quelque religieux du monastère, il lui disait: *Votre frère Paul est un saint.* Quelques années après, ce pieux solitaire tomba dans sa dernière maladie. Il regarda la mort avec une tranquillité qui annonçait la paix de son âme. Il se levait tous les jours, disait son office, balayait sa cellule, conversait comme un homme plutôt réjoui qu'attristé du passage que le commun des hommes redoute si fort. Sur la fin, il demanda au religieux qui le veillait quelle heure il était, et, sur la réponse de celui-ci, le pieux moribond ajouta: *J'ai encore tant d'heures à vivre.* Il désigna à peu près le moment de son heureuse délivrance, qui arriva, comme je l'ai marqué plus haut, le lendemain de Noël 1756, après avoir reçu tous les sacrements et donné des marques publiques de sa catholicité et de sa grande piété. Il était âgé de plus de cinquante ans.

Si les religieux de l'abbaye eussent eu soin de tenir des mémoires de la vie de leurs plus édifiants confrères, soit clercs, soit convers, nous aurions pu nous étendre davantage; ne l'ayant pas fait, je n'ai parlé que des solitaires dont les vertus sont encore présentes à ceux qui les ont connus et de qui j'ai appris ce que j'en ai rapporté.

Pourquoi les Camaldules ne sont pas ordinairement auteurs. — Il n'est pas douteux que, parmi les supérieurs et autres religieux camaldules qui ont régi et occupé ladite abbaye, il n'y ait eu des gens d'esprit et à talents, ni surprenant qu'ils n'en aient laissé aucunes preuves mémorables à la postérité. Ces solitaires ne vivent proprement que pour Dieu. Ils laissent à ceux qui sont préposés à l'enseignement des hommes, le soin de les éclairer par de lumineuses productions; l'on sait que la France est fertile en savants du premier ordre, qui suffisent pour enrichir la république des lettres. A moins que de dire du merveilleux, un Camaldule fait bien de s'asseoir et de se taire, suivant l'avis d'un prophète : *Sedebit solitarius et tacebit* (Jérém.). Un père, Thimothée Théodon, décédé le 12 janvier 1750, aurait pu facilement devenir auteur. Il ne s'agissait que de mettre par écrit les conversations qu'il tenait avec les personnes de mérite qui le visitaient et l'entretenaient avec plaisir. Fils d'un habile sculpteur que notre saint père le pape Clément XI attira à Rome, de l'agrément de Louis XIV, il naquit en cette capitale du monde chrétien, où sa mère avait suivi son mari étant enceinte. De retour en France, il y reçut une excellente éducation. Il étudia dans cette savante école connue sous le nom de communauté de Sainte-Barbe. Ce fut de là qu'il sortit pour entrer chez les Camaldules, où il fit profession le 26 janvier 1716. Bientôt il devint père, maître et premier visiteur général de sa congrégation. Il n'eût pas tardé à en être le *majeur*, si des événements ne l'eussent concentré en cette abbaye, depuis 1727 qu'il y arriva, jusqu'à sa mort. Dans ce long intervalle, le public eut le temps d'apercevoir et d'éprouver les grands talents dont il était doué. Théologie, philosophie, physique, jurisprudence, tout était de son ressort. Les pauvres gens en faisaient leur avocat consultant, et les personnes lettrées le regardaient comme leur maître. Il s'est contenté de rédiger plusieurs mémoires sur différentes matières, sans laisser aucun traité en forme. La vie de ce religieux était simple et frugale autant par goût que par devoir, caractère ordinaire des esprits élevés.

Il ne reste plus qu'à donner la liste des abbés connus de cette abbaye, et des prieurs camaldules qui l'ont gouvernée jusqu'à présent. Nous commencerons par les premiers, au nombre desquels nous en mettrons quelques-uns que la *Gallia christiana* a omis.

LISTE DES ABBÉS CONNUS DE L'ABBAYE DE L'ILE-CHAUVET.

PIERRE Ier. Il parut comme témoin dans la confirmation d'une donation faite à l'abbaye de l'Absie en 1156.

CONSTANTIN, successeur immédiat de Pierre.

BRUNON, en 1187, successeur du précédent.

REGNAULT, en 1406. Entre ces deux derniers se trouve un intervalle de plus de 200 ans, pendant lequel un nombre d'abbés se seront succédé, dont la connaissance ne nous est point parvenue. De grands événements arrivèrent en ce temps-là. Nous ne parlerons que de la division de l'évêché de Poitiers, qui était d'une trop vaste étendue. L'on en détacha quantité de paroisses, pour en former les évêchés de Luçon et de Maillezais. Ils furent érigés par le pape Jean XXII, en 1317. Les abbayes de ces deux endroits, qui étaient de l'ordre de Saint-Benoît, devinrent des cathédrales : les abbés, les évêques, les religieux et chanoines, tout le monde applaudit à cette opération. Le siége de Maillezais fut transféré à la Rochelle, en 1648, pour contenir les protestants qui y sont encore en grand nombre.

A l'abbé Regnault succéda :

GUILLAUME. . . . . 1427.

JACQUES THOUZEAU. . . . . 1448.

ALAIN LORET, archidiacre de Luçon. . . . . 1468.

PIERRE DE REZAY. . . . . 1473.

PIERRE DELAYRE, en 1509, et se retrouve en. . . . . 1524.

CLAUDE DU PUY DU FOU, en 1561, et se retrouve en 1569. Il paraît avoir été le premier abbé commendataire.

NICOLAS GIRARD, en 1577. Il fut témoin du ravage de la province et de son abbaye.

ARMAND-JEAN DUPLESSIS DE RICHELIEU, évêque de Luçon, était abbé de l'Ile-Chauvet en 1608, qu'il fit publier un monitoire pour parvenir au recouvrement des titres et papiers de cette abbaye; mais de plus grands exploits étaient réservés à ce grand homme. Il n'est personne qui ne sache qu'étant devenu cardinal et premier ministre de France, il rendit à l'Église et à l'État des services signalés. Pour se former une juste idée de sa famille, de ses emplois et de ses belles actions, on peut consulter le *Dictionnaire* de Moréri et tous les autres auteurs qui ont traité l'histoire du dernier siècle.

Phillipe Audiger, en 1622. Quoiqu'on lui ait donné la qualité d'abbé régulier dans la *Gallia christiana,* je pense qu'il ne possédait l'abbaye qu'en commende. Cette dénomination me donne lieu de présumer que cet Audiger pourrait avoir été un religieux de l'abbaye, élu abbé par la communauté, sous le bon plaisir du roi, en attendant qu'il confirmât cette élection ou disposât autrement de l'abbaye.

Alphonse-Louis Duplessis de Richelieu, frère aîné du cardinal-ministre, était abbé en 1633. Nommé à l'évêché de Luçon, il le refusa avant d'être sacré, pour se faire chartreux, où il ne persévéra pas; rentré dans le siècle, il devint cardinal, archevêque de Lyon et grand aumônier de France. Il mourut le 23 mars 1653.

Henri de Maupas du Tour (1) posséda l'abbaye depuis 1653 jusqu'à

---

(1) Le nom patronymique de cet évêque, abbé commendataire de l'Ile-Chauvet, était Cauchon. Il était lui-même fils de Charles Cauchon de Maupas, seigneur ou baron du Tour, en Champagne, et d'Anne de Gondy. Tout jeune encore, il reçut en commende l'abbaye de Saint-Denis de Reims, dont avait été pourvu un de ses grands-oncles. Il exerça ensuite les fonctions de vicaire général du diocèse de Reims pendant dix ans, et devint premier aumônier de la reine Anne d'Autriche. Promu par Louis XIII à l'évêché du Puy, en 1641, il fut sacré à Paris, le 4 octobre 1643, par Charles de Montchal, archevêque de Toulouse. Au décès du cardinal Alphonse de Richelieu, archevêque de Lyon, en 1653, il obtint l'abbaye de l'Ile-Chauvet. Transféré plus tard à l'évêché d'Évreux, il en prit possession le 24 mars 1664.

« Comme ce prélat se mêlait quelquefois de prêcher, dit l'historien de cette dernière localité, et que son discours se tournait souvent en apostrophe ou en invectives contre quelques ecclésiastiques qu'on lui disait être déréglés, son goût le portait aussi à aller entendre les jeunes prêtres qui commençaient à s'exercer dans le ministère de la parole. Ce fut dans cette vue qu'en 1680, cet évêque étant allé, le jour de saint Laurent, à Melville, village à trois quarts de lieue d'Évreux, pour y entendre un jeune prédicateur, ses chevaux prirent le mors aux dents, renversèrent et brisèrent son carrosse, et lui eut le corps tout fracassé. On le rapporta au palais épiscopal dans une autre voiture, et il mourut deux jours après, le 12 août 1680. Ce prélat avait d'excellentes qualités : on remarquait en lui beaucoup de piété; il aimait cette vertu dans les ecclésiastiques; il se plaisait à élever ceux en qui il la voyait ou croyait la voir; il était fort droit et incapable de tromper, et avait les meilleures intentions du monde. Avec de si bonnes qualités, il aurait fait de grands biens dans son diocèse, s'il avait toujours choisi des sujets aussi éclairés que pieux, et si sa trop grande crédulité ne l'eût pas souvent prévenu contre des ecclésiastiques vertueux et capables, en qui, pour l'ordinaire, on ne voyait d'autres crimes que ceux qui leur étaient attribués par la calomnie et par les faux rapports, sous l'ombre desquels il ne laissait pas de les sa mort, arrivée sur la fin de 1680 ou au commencement de 1681. Il fut d'abord évêque du Puy, en Velay; ensuite il passa à l'évêché d'Évreux, en Normandie. Il était aussi abbé de Saint-Denis de Reims, en Champagne. Les Camaldules lui sont redevables de leur entrée à l'Ile-Chauvet.

Gaspard-Alexandre de Coligny, neveu ou petit-neveu du précédent, lui succéda au mois d'octobre 1680 ou 1681; mais, pour soutenir son nom et sa famille, il quitta la cléricature et son abbaye, et embrassa l'état du mariage. Il devint comte de Coligny et colonel du régiment de Condé. Il mourut en 1694.

Léon d'Illiers d'Entragues succéda au précédent, le 2 janvier 1687. Il quitta la cléricature et son abbaye en 1693, pour prendre l'état militaire. Il devint marquis d'Illiers et exempt des Gardes du roi. Il fut tué au combat de Lens.

Jacques de Candeau, prêtre du diocèse de Lescar, dans le Béarnais, succéda au sieur d'Entragues, le 31 mai 1693. Il était en même temps abbé de Bonnefont, ordre de Citeaux. Il mourut au mois de mars 1707.

Amable Charles de Turenne d'Aynac, prêtre, docteur de Sorbonne, succéda, la même année 1707, au sieur abbé de Candeau, et a joui de l'abbaye jusqu'à sa mort, le 10 février 1726, dans sa maison abbatiale, où il demeurait depuis plusieurs années. Il fut enterré dans l'église de l'abbaye, au milieu de la chapelle de Saint-André. Il avait été grand archidiacre et vicaire général du diocèse de Luçon, doyen de Mareuil et député à l'assemblée générale du clergé de France en 1705.

Jacques d'Aubusson, diacre, licencié de Sorbonne, nommé en 1726 à l'abbaye, dont il prit possession le 6 avril 1727, continue de jouir de ce bénéfice, auquel il a réuni la prévôté de Champsac et la

---

maltraiter contre toutes les règles, et d'interposer même souvent l'autorité de la Cour pour les punir; rendant par ce moyen sa conduite odieuse à tout le clergé. » (*Histoire civile et ecclésiastique du comté d'Évreux*, etc., par Le Brasseur, p. 400-6; in-4°, Paris, Fr. Barois, 1722.)

Henri Cauchon de Maupas du Tour a laissé les écrits suivants : 1° *Vie de Jeanne-Françoise Frémiot de Chantal* (grand'mère de Mme de Sévigné), *fondatrice et première mère des religieuses de la Visitation;* Paris, 1644, 1647, 1653, 1662, in-4°. *Ibid.*, 1658, 1672, in-8°. — 2° *Vie du bienheureux François de Sales, évêque de Genève*; Paris, Huré, 1657, in-4°, avec figures. Celles de Marsollier les ont fait oublier. (*Note de l'éditeur.*)

seigneurie de la ville de la Souterraine. Cet abbé est de l'ancienne maison d'Aubusson, qui a fourni de si grands hommes à l'Église et à l'État. Il aurait pu parvenir aux premières dignités, mais de bonne heure il en a su connaître le poids et se borner; philosophie peu suivie aujourd'hui.

P.-S. — M. d'Aubusson étant mort sur la fin de 1763, Mre CHARLES RENÉ DE MENOU DE CHAMPLIVAULT, prêtre, grand vicaire et archidiacre du diocèse de la Rochelle, fut nommé par le roi à l'abbaye, dont il prit possession le dimanche 5 février 1764. Ce nouvel abbé est parent de M. de Menou, évêque de la Rochelle, et de M. de Menou, lieutenant de roi du château de Nantes.

M. de Menou étant mort à Paris, le 11 octobre 1774, dans sa soixante-seizième année, le roi a nommé, le 11 décembre suivant, à l'abbaye, Mre DE CAQUERAY, vicaire général d'Angers [1].

LISTE DES PRIEURS ET SUPÉRIEURS CAMALDULES DE L'ABBAYE.

Révérends pères :

PLACIDE AUBERT, premier prieur. . . . . 1680.
FRANÇOIS NORMAND, supérieur par commission. . . . . . 1681.
PAUL PIQUELIN. . . . . 1682.
JÉRÔME GAUTHIER. . . . . 1683.
LAURENT DURÉ. . . . . 1687.
MOÏSE POULLET. . . . . 1689.
JEAN-BAPTISTE CARBONNIER et HILARION DE CORBIE, supérieurs par commission. . . . . 1690.
ARNOULD LE MAIRE. 1691.
LAURENT DURÉ (le même qu'en 1687). . . . . 1692.
HILARION DE CORBIE (le même qu'en 1690). . . . . 1693.
JOSEPH FROMENT. . . . . 1695.
HILARION DE CORBIE (le même qu'en 1693). . . . . 1697.
NORBERT MOURET. . . . . 1701.
JÉRÔME GAUTHIER (le même qu'en 1683). . . . . 1703.
BAZILE GEORGET. . . . . 1705.

---

(1) M. DE CAQUERAY, qui en était encore pourvu à la révolution de 1789, est par conséquent le dernier abbé titulaire de l'Ile-Chauvet. (*Note de l'éditeur.*)

Jérôme Gauthier (le même qu'en 1703). . . . . 1709.
Bazile Georget (le même qu'en 1705). . . . . 1711.
Théodose Chevenet. . . . . 1713.
Macaire Pene. . . . . 1715.
Théodose Chevenet (le même qu'en 1713). . . . . 1717.
Hilarion Rasset. . . . . 1728.

OBSERVATION.

La moitié des religieux de la congrégation ayant protesté contre l'assemblée qui se tint sous le titre de Chapitre général, le 14 septembre 1738, la communauté de l'Ile-Chauvet, en particulier, ne voulut point reconnaître le prieur qui fut nommé pour cette maison. Elle en a usé de même à l'égard de tous les prieurs nommés par les assemblées postérieures. Ce ne fut qu'au chapitre général tenu au mois de juin 1758, que s'opéra la réunion parfaite de la congrégation, par les soins et le zèle du très R. P. Placide Babel, alors majeur. Dans cet intervalle, la communauté de l'Ile-Chauvet et le public local n'ont vu et reconnu pour supérieurs de cette maison, depuis le R. P. Hilarion Rasset, que les RR. PP. Augustin Auvray et Thimothée Théodon alternativement jusqu'à la mort de ce dernier, arrivée le 12 janvier 1750. Depuis cette époque jusqu'en 1758, le R. P. Augustin a gouverné seul comme supérieur. Pour entrer dans le plan et les vues de la communauté, nous continuerons la liste de ses prieurs de cette sorte :

Après le R. P. Hilarion Rasset suivent les RR. PP. :

Augustin Auvray. . . . . } 1739.
Thimothée Théodon. . . . . }
Augustin Auvray (le même que ci-dessus). . . . . 1750.
Romual Yops. . . . . 1758.
Arsène Cochois. . . . . 1762.

Je soussigné, prieur de l'abbaye de l'Ile-Chauvet, certifie que la présente copie est conforme à l'original du mémoire historique de ladite abbaye par moi dressé, en 1763, sur les titres et pièces conservés au trésor de notre monastère.

Fait à l'Ile-Chauvet, ce deux novembre mil sept cent soixante-huit.

Père Arsène COCHOIS,
Ermite camaldule.

Avant de reproduire les pièces justificatives de l'établissement des Camaldules à l'Ile-Chauvet et de leurs arrangements successifs avec les abbés commendataires, auxquelles renvoie le père Arsène Cochois, nous intercalerons ici, comme annexes de son *Mémoire* : 1° un extrait de l'*Histoire des Evêques de Luçon,* par La Fontenelle de Vaudoré; l'arrêt du Conseil d'État du 21 avril 1779, et la déclaration des pensions des religieux en 1790, qui en forment le complément; 2° la traduction de la petite notice consacrée à cette abbaye dans la *Gallia christiana,* et 3° le chapitre de l'*Histoire des ordres monastiques* du père Hélyot, qui concerne spécialement les ermites camaldules de France ou de Notre-Dame de Consolation. Ce dernier article fut rédigé sur des mémoires communiqués à l'auteur par le père Jean-Baptiste Carbonnier, qui avait été, en 1690, supérieur par commission des Camaldules de l'Ile-Chauvet, et par l'abbé commendataire Amable-Charles de Turenne d'Aynac, docteur de Sorbonne et grand vicaire du diocèse de Luçon, sous l'épiscopat de Jean-François de Lescure.

Enfin nous terminerons par une description architecturale des restes encore existants de l'abbaye.

EXTRAIT

DE L'HISTOIRE DES ÉVÊQUES DE LUÇON,

PAR LA FONTENELLE DE VAUDORÉ.

« Dès l'année 1771, les Camaldules (au nombre de quatre, trois religieux et un frère convers), qui occupaient le monastère de l'Ile-Chauvet, avaient proposé à l'évêque de Luçon de réunir leur mense conventuelle, en faveur de tel chapitre, séminaire, hôpital ou autre établissement de son diocèse qu'il lui plairait indiquer, en accordant à chacun d'eux une pension, savoir : pour les religieux de chœur, de 800 liv., et pour le frère convers, de 500 liv. Les choses en demeurèrent là assez longtemps, et les revenus de la mense conventuelle en question furent même mis en séquestre entre les mains du receveur des décimes du diocèse, qui prélevait des pensions pour les religieux. Enfin, tout ayant été préparé pour cela, il fut fait, le 25 mai 1778, un traité entre les délégués du chapitre de Luçon et les religieux Camaldules de l'Ile-Chauvet, portant union de la mense conventuelle dudit monastère à la fabrique de l'église cathédrale de Luçon. A raison du consentement des religieux, il fut dit qu'on leur paierait une somme de 6000 liv. pour leur mobilier, vif et mort, et qu'on ferait des pensions viagères, qui furent fixées, pour le frère Arsène Cochois, supérieur, à 1,070 liv.; pour chacun des deux frères de chœur, à 850 liv., et pour le frère lai, à 600 liv.; ces pensions étaient payables par avance. »

(2e partie, p. 840-41; Fontenay-Vendée, Gaudin, 1847, in-8°.)

ARRÊT DU CONSEIL D'ÉTAT,

Du 21 *avril* 1779.

Sur ce qui a été représenté au roi, étant en son conseil, par les supérieur et religieux camaldules de l'Ile-Chauvet, diocèse de Luçon, que S. M. ayant, par arrêt rendu en icelui le 27 février 1778, ordonné la continuation de la procédure de suppression de la mense conventuelle dudit monastère, et d'union des biens en dépendant, tant à la fabrique de l'église de Luçon qu'au profit du collége et hôpital de ladite ville; le receveur des décimes dudit diocèse, établi à la régie et administration desdits biens, aurait été en même temps autorisé à payer annuellement ès-mains du procureur conventuel la somme de trois mille trois cents livres, pour fournir à la nourriture desdits religieux, ainsi qu'aux frais et entretien de la conventualité tant qu'elle subsisterait. Que la procédure ayant été reprise en conséquence, et les religieux ayant été appelés pour donner leur consentement, ils se seraient empressés d'entrer dans les vues de S. M. à cet égard, ce qui les aurait portés à proposer au chapitre de l'église de Luçon, de faire, dès à présent, l'abandon de tous les biens de la mense conventuelle et même des lieux claustraux, pour être appliqués, suivant les dispositions dudit arrêt, moyennant néanmoins des conditions plus avantageuses que celles qui avaient été indiquées par icelui, et plus conformes au traitement qui avait été accordé aux religieux camaldules du monastère de Grosbois, diocèse de Paris, dans les mêmes circonstances : ce qui aurait été accepté par ledit chapitre et aurait donné lieu à un traité en date du 25 mai dernier, par lequel, sous le bon plaisir de S. M., il aurait été convenu que lesdits biens seraient et demeureraient définitivement chargés de la somme de mille soixante-dix livres de pension annuelle en faveur du F. *Arsène Cochois*, supérieur; de huit cent cinquante livres en faveur de chacun des FF. *Hilarion Méquignon* et *Bernard Voisin;* de cinq cent cinquante livres en faveur du F. *Pacôme Labiau*, convers, et enfin de celle de six cents livres au profit du P. *Barthélemy Maur*, de l'entretien et subsistance duquel le monastère se trouve chargé en vertu des arrangements généraux de la congrégation; lesquelles pensions commenceraient à courir du 1er avril précédent, et seraient payables par quartiers ou de six mois en six mois, d'avance et sans aucune retenue; et qu'il aurait même été arrêté que tous les meubles et effets qui garnissaient les cellules et autres bâtiments de ladite communauté, appartiendraient auxdits religieux, et en outre qu'il leur serait payé une somme de six mille livres, en compensation des bestiaux et autres objets énoncés audit traité; mais que la longueur de la procédure et des difficultés qui leur sont étrangères pouvant retarder l'exécution du traité, qu'il leur est important et nécessaire de voir rempli, et leur sortie de l'Ile-Chauvet, où l'état précaire dans lequel ils y sont ne leur permet pas de demeurer plus longtemps, ils ont recours à S. M. pour qu'elle veuille bien leur assurer, dès à présent, le sort que leur promet ledit traité, et leur permettre de se retirer de l'Ile-Chauvet; ce qu'ils osent d'autant plus se flatter d'obtenir, que leur traité est le même que celui que S. M. a eu la bonté d'approuver pour leurs confrères du monastère de Grosbois, sur quoi S. M. aurait résolu de faire connaître ses intentions. A quoi voulant pourvoir, ouï le rapport, et tout considéré, le roi étant en son conseil, de l'avis des sieurs commissaires nommés pour l'exécution de l'arrêt du 23 mai 1766, a ordonné et ordonne que l'arrêt du 27 février 1778, concernant la suppression de la mense conventuelle des religieux camaldules de l'Ile-Chauvet et union des biens en dépendants, sera exécuté selon sa forme et teneur; et néanmoins veut et entend S. M. que, dès à présent, et par le receveur des décimes établi à la régie et administration des biens et revenus dudit monastère de l'Ile-Chauvet, il soit payé à chacun desdits religieux, et à compter du premier avril présent mois, sur leurs quittances personnelles, savoir : au F. Arsène Cochois, supérieur, la somme de 1070# de pension annuelle et viagère; à chacun des FF. Hilarion Méquignon, et Bernard Voisin, celle de 850#; au F. Pacôme Labiau, convers, celle de 550#, et au F. Barthélemy Maur, celle de 600#, lesquelles pensions continueront à leur être payées après la confection de la procédure, et seront payables d'avance, et par quartier, ou seulement de six mois en six mois, au choix des payeurs, et exemptes de toutes impositions et retenues quelconques; veut pareillement S. M. que, conformément au traité fait avec cesdits religieux, il leur soit payé et remis, sur leurs quittances, la somme de 6000#, par forme d'indemnité du montant des bestiaux et autres objets par eux délaissés, et indépendamment des effets mobiliers qui se trouveront dans leurs cellules et autres bâtiments dudit monastère, lesquels ils seront maîtres d'emporter avec eux en sortant dudit monastère, ce à quoi S. M. les autorise, dès à présent, de l'agrément du s[r] évêque de Luçon; veut, au surplus, S. M. que la procédure d'union des biens dudit monastère soit continuée et poursuivie conformément à ce qui est porté audit arrêt du 27 février 1778, lequel, au surplus, sera exécuté en ce qui n'est pas contraire aux présentes dispositions. Fait audit conseil d'État du roi, S. M. y étant, tenu à Versailles le 21 avril 1779.

(*Minutes d'arrêts du conseil. — Avril, mai, juin* 1779. — Feuill. 109. — E. 2552. *Archives nationales.*)

DÉCLARATION

DES

PENSIONS DES RELIGIEUX CAMALDULES

DE L'ABBAYE DE L'ILE-CHAUVET.

Je soussigné ancien et dernier supérieur des Camaldules de l'abbaye de Notre-Dame de l'Ile-Chauvet, située en la paroisse de Bois-de-Cené, près Challans, diocèse de Luçon, demeurant à Nantes, quai Brancas, paroisse Saint-Nicolas, faisant tant pour moi que pour les pères Hilarion Méquignon, retiré en sa famille et demeurant à Paris, rue de la Harpe ; Bernard Voisin, demeurant à l'abbaye d'Evron, près Mayenne, diocèse du Mans, et Maur Barthélemy, fixé en la maison des Frères des Écoles chrétiennes à Angers ; tous quatre religieux existants de ladite abbaye, pour me conformer et satisfaire à un décret de l'Assemblée nationale du 5 du présent mois, déclare qu'il nous a été accordé, sur les biens-fonds de la mense conventuelle de l'abbaye de l'Ile-Chauvet, les pensions annuelles et viagères ci-après, dont la réunion forme un total de 3370 livres, payables par quartier, savoir : à moi Arsène Cochois, supérieur susdit, 1070 livres; à chacun desdits Hilarion Méquignon et Bernard Voisin, 850 livres, et audit Maur Barthélemy, 600 livres, exemptes de toute retenue, mais sans réversibilité ; le tout pour les causes et raisons portées en plusieurs arrêts du conseil d'État du roi, notamment en celui du 21 avril 1779, dont l'exécution s'est ensuivie jusqu'à ce jour.

Et pour réitérer la présente déclaration en tel lieu ci-devant qu'il appartiendra, j'en donne pouvoir à noble maître Sauquet, procureur de la commune, et d'en requérir acte. Fait à Nantes, ce 16 février 1790. F. Arsène Cochois ; et par ampliation sur le registre, Sauquet, procureur de la commune.

(1er *Registre des déclarations des biens ecclésiastiques, reçues conformément aux décrets de l'Assemblée nationale,* conservé aux archives de la mairie de Nantes, fol. 62.)

NOTICE SUR L'ILE-CHAUVET,

TRADUITE DE LA *Gallia christiana*.

L'Ile-Chauvet, voisine de Noirmoutier, était autrefois une île de l'Océan. Elle est située maintenant au milieu des marais, dans la paroisse de Saint-Étienne de Bois-de-Cené, à dix-sept lieues de Luçon et à neuf lieues de Nantes, entre Beauvoir-sur-Mer et Machecoul. Elle était jadis du diocèse de Poitiers, et, depuis son démembrement, elle fait partie du diocèse de Luçon. Cette abbaye est de l'ordre de Saint-Benoît, et placée sous le patronage de la sainte vierge Marie. Les moines de l'Absie passent pour ses fondateurs, et les seigneurs de la Garnache pour ses principaux bienfaiteurs. André du Chesne, dans son *Histoire généalogique de la maison de Chastaigner,* p. 2, pense qu'elle a été fondée vers l'an 1130.

L'Ile-Chauvet essuya, en 1588, un funeste incendie, d'où il résulta pour elle un relâchement encore plus funeste de la discipline régulière. Enfin, le pieux évêque de Luçon, Henri de Barillon, y poussant (1), les révérends pères Camaldules furent introduits dans cette maison, le 20 janvier 1680, par l'abbé Henri de Maupas, avec l'assentiment du supérieur général de la congrégation de Saint-Maur, dom Vincent Marsolle, et y restaurèrent la vie monastique.

SÉRIE DES ABBÉS.

I. PIERRE I, comparut comme témoin à la confirmation des aumônes de Giraud de Tellion, faite à Rainier, abbé de l'Absie, par l'évêque de Poitiers Calon, en 1156.

II. CONSTANTIN, succéda à Pierre.

III. BRUN, en 1187.

IV. GUILLAUME, en 1427.

V. ALAIN LORET, archidiacre de Luçon et abbé régulier, en 1468 (2).

---

(1) « En 1680, les Camaldules furent introduits dans l'abbaye de l'Ile Chauvet, » et y rétablirent la régularité et la discipline. Ils avaient été appelés là par » l'évêque de Barillon et aussi par l'abbé commendataire Henri de Maupas. Cette » affaire ne fut pas promptement expédiée, parce que l'évêque de Luçon désirait, » dans le principe, placer là des Bénédictins, et il fit beaucoup de démarches » pour cela sans pouvoir y réussir. » (LA FONTENELLE DE VAUDORÉ, *Histoire des Évêques de Luçon,* 2e partie, p. 568.)

(2) L'abbé Hugues du Tems, à l'exemple du père Cochois, intercale ici un

VI. Pierre II de Layre, en 1509 et 1524.

VII. Claude du Puy du Fou, abbé commendataire, en 1561 et 1569.

VIII. Nicolas Girard, en 1577. Il était aussi titulaire de l'aumônerie de Notre-Dame de Mortagne, en 1588, d'après une charte de Saint-Pierre de Mortagne.

IX. Philippe Audiger, abbé régulier, en 1622.

X. Alphonse-Louis du Plessis de Richelieu, cardinal, archevêque de Lyon, en 1633. Il fit fondre une cloche pour l'abbaye, avec cette inscription : *Sancte Benedicte, ora pro nobis* (saint Benoît, priez pour nous). On le trouve encore abbé en 1643.

XI. Henri de Maupas du Tour, d'abord évêque du Puy, ensuite d'Évreux, et aussi abbé de Saint-Denis de Reims, obtint, après Alphonse de Richelieu, l'abbaye de l'Ile-Chauvet, dans laquelle il introduisit, pour l'habiter, les révérends pères Camaldules, le 26 juin 1679. Ces religieux, reconnaissants de ce bienfait, célèbrent le jour anniversaire de son décès, qui eut lieu en 1680.

XII. Gaspard-Alexandre de Coligny, neveu ou petit-neveu de Henri de Maupas, passe pour avoir obtenu, en octobre 1680 ou 81, les deux abbayes de l'Ile-Chauvet et de Saint-Denis de Reims, sur la résignation qu'en fit son oncle aux mains du roi. Il prit possession de la première au mois d'octobre 1684. Il quitta ensuite la cléricature pour se marier et continuer sa race.

XIII. Léon d'Illiers d'Entragues, nommé le 2 janvier 1687, se démit en 1693.

XIV. Jacques de Candeau, prêtre du diocèse de Lescar, abbé désigné le 31 mai 1693, mourut en mars 1707. Il était aussi pourvu de l'abbaye de Bonnefont, ordre de Citeaux, dans le diocèse de Comminges.

XV. Charles-Amable d'Aynac de Turenne, docteur de Sorbonne et vicaire général de Luçon, fut nommé le 23 ou 24 avril 1707, dans les fêtes de Pâques.

(*Gallia christiana, seu series omnium archiepiscoporum, episcoporum et abbatum, etc., aucta operâ et studio Dion. Sammarthani et aliorum ex ordine S. Benedicti;* Parisiis, e typ. reg., 1715-85, 13 vol. in-fol.; tom. II, col. 1432.)

Pierre II, de Rezé, dont il fait le VIe abbé connu de l'Ile-Chauvet, avant 1498. (*Le Clergé de France, ou Tableau hist. et chron. des archevêques, évêques, abbés, etc.,* tome II, pag. 571; Paris, Delalain, 1774, in-8°.)

DES ERMITES CAMALDULES

DE FRANCE,

OU DE NOTRE-DAME-DE-CONSOLATION. (1)

Outre les trois congrégations de Camaldules dont nous avons parlé, il y en a encore deux autres : l'une en Piémont, appelée *la Congrégation de Turin*, et l'autre en France, sous le nom de *Notre-Dame de Consolation*. Nous ne pouvons rien dire de celle de Turin, n'en ayant reçu aucun mémoire : tout ce que nous en savons, c'est que cette congrégation a eu pour fondateur le père Alexandre de Leva, qui mourut en odeur de sainteté l'an 1612, et qu'elle fut commencée sous les auspices de Charles-Emmanuel de Savoie, l'an 1601. Quant à celle de France, ou de Notre-Dame de Consolation, les mémoires qui nous ont été communiqués par le R. père Jean-Baptiste Carbonier, majeur ou général de cette congrégation en 1710, nous donnent lieu de parler plus amplement de son origine et de son progrès. Elle doit ses commencements au père Boniface Antoine de Lyon, ermite camaldule de la congrégation

(1) Entre toutes les congrégations qui, suivant le P. Hélyot, par leur austérité et leur sainteté, ont excité l'admiration du monde chrétien, celle des Camaldules doit tenir un des premiers rangs, car ces religieux observaient les pratiques les plus dures et les plus sévères, tant de la vie cénobitique que de la vie érémitique.

Saint Romuald, leur premier fondateur, mourut vers 1027 dans le monastère de *Val de Castro*, en Italie. Après avoir fait plusieurs voyages pour propager la règle de Saint-Benoît, il se retira sur le mont Apennin, où il établit son institution dans une petite plaine appelée *Campo-del-Maldolo* ou *Maldoli*, parce que ce lieu lui fut donné par un certain Maldoli, bourgeois d'Arezzo; d'où, par contraction, le nom de *Camaldoli*, Camaldules. (Voir *Dictionnaire étymologique de la langue française* de Ménage.)

L'ordre des Camaldules se divisait en cinq congrégations : 1° celle des Camaldoli, ou du Saint-Ermitage; 2° celle de Saint-Michel de Murano; 3° celle des Ermites de Saint-Romuald, ou du Mont-de-la-Couronne; 4° celle de Turin; 5° celle de France. Chacune d'elles avait son général ou majeur.

(*Note de l'éditeur.*)

de Turin, qui, étant venu en France l'an 1626, avec une permission du majeur et du chancelier de cette congrégation, pour faire de nouveaux établissements dans ce royaume, en fit d'abord deux, l'un dans le Dauphiné et l'autre dans le Forez : le premier, sous le nom de Notre-Dame de Sapet, au diocèse de Vienne ; le second, sous celui de Notre-Dame de Consolation de Bothéon, au diocèse de Lyon. Il s'acquit, par son mérite, l'estime de l'archevêque de Vienne, Pierre de Villars, qui, voulant le retenir dans son diocèse, lui donna, le 4 novembre 1629, une permission fort ample pour s'y établir ; mais la petitesse des lieux et le peu de revenu de ces premiers établissements furent cause que les Camaldules, qui ne pouvaient plus y subsister, les abandonnèrent.

Le plus ancien qui subsiste présentement est celui de Val-Jésus, en Forez, fondé par le père Vital de Saint-Paul, prêtre de l'Oratoire, et Jeanne de Saint-Paul, sa sœur, dame de Varsalieu et de Veaux, qui donnèrent, l'an 1633, au père Boniface d'Antoine les chapelles de Saint-Roch et du Val-Jésus, avec les biens qui en dépendaient ; elles étaient situées au lieu appelé d'*Amieux,* dans la paroisse de Chambre, au diocèse de Lyon, et l'on y bâtit une camaldule, qui a retenu le nom de *Val-Jésus*.

Les Camaldules obtinrent ensuite des lettres patentes du roi Louis XIII, l'an 1634, par lesquelles ce prince approuvait leur établissement en son royaume, et leur permettait de recevoir les maisons qu'on leur offrirait, leur accordant sa protection, et défendant à toutes sortes de personnes de les molester et de les inquiéter en aucune manière, à condition néanmoins qu'ils ne pourraient avoir que des supérieurs français. Ces lettres furent d'abord enregistrées au parlement de Grenoble, l'an 1635, et ensuite au parlement de Paris, l'an 1644. Ce fut à la prière de ce prince que le pape Urbain VIII érigea les Camaldules, l'an 1635, en une congrégation particulière, sous le titre de Notre-Dame de Consolation, leur permettant d'avoir un majeur ou général, et de recevoir des novices. Il ordonna qu'ils vivraient selon les constitutions des ermites camaldules du Mont-de-la-Couronne, et leur accorda toutes les grâces et tous les priviléges dont jouissaient cette congrégation et celle de Camaldoli.

Ils firent un nouvel établissement à Gros-Bois, que l'on appelait pour lors *le Bourron,* à quatre lieues de Paris, l'an 1642, et ils

6

eurent pour fondateur de cette maison Charles de Valois, duc d'Angoulême, pair de France, comte d'Auvergne et de Ponthieu. L'église de cette camaldule fut dédiée sous le titre de saint Jean-Baptiste. Jean-François de Gondi, archevêque de Paris, y donna son consentement la même année, et le roi Louis XIV autorisa cette fondation par ses lettres patentes de l'an 1644, qui furent enregistrées aussi la même année au parlement de Paris.

En 1648, Catherine le Voyer, dame d'atour de la reine régente mère du roi, et veuve de René du Bellay, baron de la Flotte, fonda une autre camaldule dans sa terre de la Flotte, dans le bas Vendomois. L'an 1659, ces religieux eurent une autre maison dans un lieu appelé la Gavolerie, dans la paroisse de Bessé, proche Courtenvaux, aussi dans le bas Vendomois. En 1674, Henri de Guenegaud, comte de Planci, secrétaire d'État, et sa femme, Élisabeth de Choiseul du Plessis-Praslin, leur fondèrent une autre camaldule dans le comté de Rieux, en Bretagne, en un lieu où il y avait une chapelle dédiée au Sauveur du monde, vulgairement appelée *Rogat*. Ils furent appelés, en 1669, au Mont-Valérien, près Paris, par les ermites qui y demeuraient, et qui voulurent leur céder leur ermitage. L'archevêque de Paris, Hardouin de Perefixe, y donna son consentement la même année; mais ils n'y allèrent que l'an 1671, sous son successeur, François de Harlay de Chanvalon, qui leur donna aussi son consentement. Ils ne purent néanmoins obtenir les autres permissions nécessaires pour cet établissement. C'est pourquoi ils l'abandonnèrent, après y avoir demeuré environ deux ans et demi.

En 1679, ils entrèrent dans l'abbaye de l'Ile-Chauvet; cette abbaye, que quelques-uns prétendent avoir été fondée par le roi de France Charles le Chauve, et d'autres par les comtes de Poitiers, est située dans les marais du bas Poitou, entre les villes de Beauvoir-sur-Mer, de la Garnache, de Machecoul et de l'île Bouin, et est sous le titre de Notre-Dame. Elle appartenait anciennement aux Bénédictins, et était possédée en commende par l'abbé Claude du Puy du Fou, gentilhomme poitevin, lorsque Benjamin de Rohan, seigneur de Soubise, en chassa les religieux, pour y mettre une garnison de soldats calvinistes. Le roi Louis XIII la donna, après la réduction de la Rochelle, au cardinal Alphonse du Plessis de Richelieu, archevêque de Lyon, grand aumônier de France, qui y mit quelques prêtres séculiers pour y faire le service divin. Après sa mort, cette abbaye fut donnée, en

1654, à Henri Cauchon de Maupas, abbé de Saint-Denis de Reims, depuis évêque du Puy et d'Évreux. Ce fut lui qui établit les Camaldules dans cette abbaye, par un concordat fait entre eux et lui le 26 juin 1679. L'évêque de Luçon, dans le diocèse duquel cette abbaye est située, y consentit, aussi bien que le père dom Vincent Marzolle, général des Bénédictins de la congrégation de Saint-Maur, par un acte du 2 décembre de la même année, reconnaissant les Camaldules pour enfants de Saint-Benoît. Ce concordat fut aussi confirmé par lettres patentes du roi, du mois de juillet de la même année, et furent enregistrées au parlement de Paris le 7 décembre. L'abbé de l'Ile-Chauvet consentit, par un traité fait en 1680, au partage des biens de cette abbaye en trois lots, dont l'un échut aux Camaldules; et ce traité a été confirmé par tous ses successeurs, savoir : Gaspard-Alexandre de Coligny, aussi abbé de Saint-Denis de Reims, et depuis comte de Coligny, colonel du régiment de Condé, mort en 1694; Léon d'Illiers, depuis marquis d'Illiers, qui fut tué au combat de l'Ense, étant pour lors exempt des gardes du roi; Jacques de Candeau, abbé de Bonnefont, et Amable-Charles de Turenne d'Aynac, docteur de Sorbonne, député à l'assemblée générale du clergé de France en 1705, grand vicaire de Luçon, et nommé à cette abbaye de l'Ile-Chauvet en 1707. C'est ce dernier qui m'a communiqué des mémoires concernant cette abbaye.

Les Camaldules de France n'ont point fait d'autres progrès en ce royaume. Le père Boniface d'Antoine, fondateur de cette congrégation, mourut le 13 janvier 1673. Elle fut non-seulement érigée en congrégation particulière par le pape Urbain VIII, l'an 1635, comme nous l'avons dit ci-dessus; mais encore elle fut confirmée l'an 1650, par le pape Innocent X, qui approuva tout ce que ces religieux avaient fait depuis leur établissement en France. Quoiqu'ils suivent les constitutions de ceux de la congrégation du Mont-de-la-Couronne, ils diffèrent néanmoins dans l'habillement du chœur : car les constitutions accordent aux religieux deux manteaux, l'un qui est long, pour le chœur, et un plus court pour sortir ou se garantir du froid et des injures de l'air; mais les Camaldules de France, dans un chapitre général qu'ils tinrent l'an 1655, firent un statut par lequel il fut ordonné qu'au lieu de ce manteau long, ils se serviraient au chœur d'une coule ou cuculle.

M. Corneille, dans son *Dictionnaire géographique,* dit que proche le bourg de Saint-Sever, en basse Normandie, il y a un ermitage habité par huit ou neuf ermites, qui suivent les constitutions des Camaldules. Il y a bien néanmoins de la différence entre les religieux camaldules et ces ermites. Ce qui a donné lieu à M. Corneille de croire que ces ermites étaient des Camaldules, c'est qu'un bon prêtre, nommé *le père Guillaume*, après avoir été novice chez les Camaldules pendant onze mois, et les ayant quittés, ne pouvant soutenir leurs austérités, se retira avec quelques ermites dans la forêt de Saint-Sever, où il leur dressa des règlements, tirés en grande partie des constitutions des Camaldules, qu'il fit approuver par l'évêque de Coutances. Mais, dans ces règlements, on ne reconnaît point l'esprit des Camaldules ; car, outre la liberté que ces ermites de Saint-Sever ont de sortir quand il leur plaît, ce qui leur est commun avec les autres ermites qui ne sont point religieux, leur habillement est différent de celui des Camaldules, en ce que le capuce des ermites de Saint-Sever est pointu, que leur scapulaire ne descend que jusqu'aux genoux, et qu'ils portent du linge ; au lieu que les Camaldules ont un capuce rond, leur scapulaire aussi long que la robe, et ne portent jamais de linge, non pas même lorsqu'ils sont malades. Les ermites de Saint-Sever logent dans un dortoir, et les Camaldules demeurent dans des cellules éloignées les unes des autres. Enfin, les ermites de Saint-Sever mangent de la viande trois fois la semaine, et c'est un crime chez les Camaldules d'en manger, excepté dans les maladies ; ce qui ne se fait que par l'ordre du médecin, qui doit attester que le malade a besoin d'en manger. Ce que l'on peut dire de ces ermites de Saint-Sever, c'est qu'il vivent en gens de bien, sans aucun engagement, comme sont tous les autres ermites ; mais ils ne suivent point les constitutions des Camaldules.

(*Histoire des Ordres monastiques, religieux et militaires, et des congrégations séculières, etc.* (par le père Hélyot) ; Paris, Coignard, 1718, 8 vol. in-4° ; t. V, ch. XXIV, p. 475 à 479).

CONCORDAT

POUR

L'ÉTABLISSEMENT DES CAMALDULES

EN L'ABBAYE DE L'ILE-CHAUVET,

ENTRE HENRY DE MAUPAS DU TOUR, ABBÉ COMMENDATAIRE DE CETTE ABBAYE ET CES RELIGIEUX, PAR LEQUEL H. DE MAUPAS DU TOUR, TANT POUR LUI QUE POUR SES FUTURS SUCCESSEURS ABBÉS, LEUR DONNE AUSSI A EUX ET A LEURS SUCCESSEURS UN TIERS EN FONDS DE TOUT LE REVENU DE L'ABBAYE, FRANC DE TOUTES CHARGES.

Par-devant les notaires gardes-notes royaux pour Sa Majesté en la ville d'Évreux, le 26e jour de juin 1679, fut présent en sa personne Mgr l'illustrissime et révérendissime Henry de Maupas du Tour, évêque d'Évreux et abbé commendataire de l'abbaye de Notre-Dame de l'Ile-Chauvet, ordre de Saint-Benoît, diocèse de Luçon, étant de présent à Évreux en son palais épiscopal, d'une part; le R. P. Benoît, premier visiteur général de la congrégation des Camaldules de France, fondé de procuration et pouvoir spécial des RR. PP. Arsène Deschamps, supérieur majeur, et Maur Champion, second visiteur de ladite congrégation, en date du 29 mai dernier, laquelle est demeurée annexée à la minute des présentes, pour y avoir recours, après avoir été paraphée de nous notaires soussignés, lequel a promis de faire ratifier le présent concordat, au premier chapitre général dudit ordre, que ladite congrégation sera obligée de tenir au mois de mai de l'année prochaine que l'on comptera 1680, et d'en fournir acte valable audit sgr abbé dans ledit temps, accompagné du R. P. Placide Aubert, aussi religieux dudit ordre, d'autre part.

Lesquelles parties disant, et particulièrement ledit sgr abbé, que désirant employer son zèle et son autorité pour remettre l'abbaye de l'Ile-Chauvet en son premier lustre de splendeur, et y faire revivre l'observance régulière qui y est entièrement déchue par le malheur des temps et des guerres, il reconnaissait ne le pouvoir faire plus efficacement que par l'union et agrégation de ladite abbaye à la congrégation des Camaldules, et ce d'autant plus volontiers qu'il serait pleinement informé que lesdits religieux, qui sont enfants de Saint-Benoît, auraient vécu depuis plus de six cents ans dans une exacte observance de leur institut, sans aucune discontinuation, ni diminution de leur première ferveur, et que d'ailleurs le principal esprit dudit ordre étant celui de la retraite, la Providence semble lui avoir destiné ce lieu, comme le plus solitaire du royaume et le plus propre à maintenir et conserver cet institut dans sa perfection. Pour à quoi parvenir lesdites parties auraient, sous le bon plaisir de Sa Majesté, fait les autres conventions suivantes, c'est à savoir :

Que ledit s[gr] abbé a consenti et consent, tant pour lui que pour les abbés ses successeurs, que l'abbaye de l'Ile-Chauvet demeure unie et agrégée à perpétuité à la congrégation des Camaldules, pour être gouvernée et régie selon les statuts et constitutions d'icelle, sans diminution toutefois ni changement de la dignité abbatiale, ni des droits et revenus qui en dépendent, lesquels demeureront en leur entier, tant en ce qui concerne la nomination du roi, qu'autres droits, prérogatives, profits et émoluments appartenant à la mense abbatiale (fors et excepté le droit de pourvoir aux places monacales, qui, dès à présent, demeurent supprimées en faveur de ladite congrégation), consentant ledit s[gr] abbé qu'il soit établi, et demeure à perpétuité dans ladite abbaye une communauté de religieux de la congrégation des Camaldules, pour y faire et célébrer les offices divins, dire les messes, acquitter les obits et fondations ordinaires, conformément aux cérémonies et usages d'icelle, et comme il se pratique en ses autres monastères.

Que pour l'entretien de ladite communauté, ledit s[gr] abbé, tant pour lui que pour ses successeurs abbés, a donné, cédé et délaissé, donne, cède, délaisse dès à présent et pour toujours aux religieux de ladite congrégation des Camaldules *le tiers en fonds de tout le revenu de ladite abbaye, franc et exempt de toutes charges*, fors de celles qui pourraient être ci-après exprimées, dont partage sera fait dans six mois au plus tard, pour commencer la jouissance au premier jour d'avril de l'année 1680 ; et cependant lesdits religieux seront payés en argent dudit tiers par le fermier du s[gr] abbé, sur le pied du bail général passé le 3 avril 1674, à commencer du jour qu'ils résideront en ladite abbaye et la desserviront, jusqu'au premier jour d'avril 1680.

Qu'attendu que lesdits religieux font profession d'une retraite particulière, conformément à leur règle et à l'esprit de leur institut, ledit s[gr] abbé consent qu'il soit fait un enclos régulier pour séparer la demeure desdits religieux d'avec les cours, logements et jardins abbatiaux, et que, pour cet effet, depuis le côté septentrional du grand portail d'entrée de ladite abbaye, environ à cinq toises de distance, on tire vers le bout d'un des logements qui entourent le cloître qui vient aboutir à la grande porte de l'église, une muraille à ligne droite, qui laisse une allée large environ de quatre toises pour passage à la grande porte de l'église, entre ladite muraille et celle qui fait la clôture de l'ouche Sainte-Catherine, dans lequel passage se trouvent des écuries que le s[gr] abbé a fait construire, et qu'il sera obligé d'ôter pour laisser le passage libre avec le pressoir qu'il rétablira dans son enclos, s'il le juge à propos, et où bon lui semblera; laquelle muraille, tirée du côté septentrional du grand portail d'entrée vers la grande porte de l'église, pourra avoir de longueur environ 25 toises, après quoi elle sera tirée d'équerre vers le midi, le long des bâtiments du cloître qui regardent le couchant, environ 23 toises de longueur, après quoi elle sera tirée d'équerre vers l'orient, le long des bâtiments du cloître qui regardent le midi, environ 40 toises de longueur, pour aller passer au travers du jardin du s[gr] abbé, et aller aboutir au bout d'icelui contre le verger, en sorte qu'il y ait vingt pieds de distance entre lesdits bâtiments claustraux, tant du côté du couchant, que du midi, et ladite nouvelle muraille, avant la construction de laquelle on plantera des piquets, d'accord des parties, pour marquer l'endroit où ladite muraille doit être plantée.

Cela étant ainsi présupposé, ledit s[gr] abbé délaisse et quitte à perpétuité auxdits religieux, pour leur enclos, tout ce qui sera au côté septentrional et oriental de ladite muraille de séparation, dans l'enceinte de laquelle sont compris l'église, les cloîtres, avec tous les bâtiments qui les environnent, et vingt pieds de cour en largeur, le long des bâtiments desdits cloîtres, des côtés occidental et méridional, et autant du jardin du s[gr] abbé, que ladite muraille, tirée en droite ligne vers l'orient jusqu'au verger, en enfermera, avec les jardins vulgairement appelés les *Jardins des Prêtres*; laquelle muraille de séparation sera faite, pour cette première fois, par lesdits religieux, et entretenue à l'avenir à frais communs; lesquels religieux feront aussi faire, à leurs dépens, la porte d'entrée qui doit conduire à l'église et chez eux, et sera permis au s[gr] abbé de faire une porte en tel endroit de ladite muraille neuve qu'il lui plaira, pour entrer de la cour dans l'allée qui conduit à l'église, et a ledit s[gr] abbé permis auxdits religieux de se servir des matériaux qui se trouveront sur les lieux, pour faire ladite muraille et autres édifices qu'ils pourront faire faire.

Que pour ce qui concerne les réparations des bâtiments claustraux, maisons, lieux et enclos desdits religieux, attendu qu'ils les ont agréés en l'état qu'ils sont, ils en ont déchargé et déchargent volontairement ledit s[gr] abbé pour tout le passé et ses successeurs, et promettent se contenter à l'avenir, pour l'entretien d'iceux, de la somme de 400 livres par chacun an, au moyen de laquelle tant ledit s[gr] abbé, que ses successeurs, seront exempts de toutes réparations ou réédifications, de quelque nature ou qualité qu'elles puissent être, sinon à la moitié de l'entretien de ladite muraille de séparation ci-dessus spécifiée, et à la réserve aussi de l'église que ledit s^gr^ abbé et ses successeurs seront obligés d'entretenir seuls à leurs frais et dépens de toutes réparations grosses et menues, ainsi que tout l'enclos abbatial qui n'appartient point auxdits religieux; et au regard des autres maisons, métairies et dépendances de ladite abbaye qui seront partagées, chacun entretiendra seul ce qui lui écherra par les lots qui en seront faits.

Que ledit s^gr^ abbé délaisse et abandonne auxdits religieux les jardins ou enclos appelés l'Ouche, proche l'église, pour la posséder entièrement; laquelle tient d'une part au chemin qui conduit au marais, et d'autre aux jardins desdits religieux : et en considération de ladite ouche, la garenne demeurera en propre et entièrement au s^gr^ abbé, à condition toutefois qu'il sera permis auxdits religieux d'y tirer de la pierre, autant qu'ils en auront besoin, pour bâtir dans ladite abbaye et appartenances d'icelle, avec la liberté de s'y promener.

Que s'il arrive que le s^gr^ abbé ou les religieux retirent des biens aliénés dépendants de ladite abbaye, il a été convenu qu'ils seront partagés comme les autres biens de ladite abbaye, parce que celui qui aura avancé les frais en sera remboursé par l'autre, à proportion de la part qu'il y prendra.

Que les reliques, argenterie et ornements de l'église qui se trouveront, seront mis de bonne foi entre les mains des religieux.

Qu'à l'égard des titres de ladite abbaye, attendu l'intérêt commun du s^gr^ abbé et des religieux, il sera fait un inventaire exact d'iceux, et par conseil seront mis entre les mains desdits religieux.

Que, pour grande validité du présent concordat, lesdites parties ont consenti et consentent qu'il soit homologué partout où besoin sera, faisant et constituant à cet effet leur procureur irrévocable le porteur des présentes, car ainsi a été accordé, et stipulé entre icelles; lesquelles pour l'exécution des présentes, circonstances et dépendances, savoir ledit s^gr^ abbé, a élu son domicile irrévocable en la ville de Paris, en la maison de Me Simon-François Le Coussin, procureur en la cour de Parlement, sise au parvis et proche le cloître Notre-Dame, paroisse Saint-Christophle, et le R. P. Benoît, en la maison de Me Tibert, notaire au Châtelet de Paris, sise rue Saint-Avois, paroisse de Saint-Nicolas-des-Champs, auxquels lieux nonobstant, promettant, obligeant chacun en droit soi et renonçant.

Fait et passé à Évreux, au palais épiscopal dudit s^gr^ abbé, le 26e jour de juin 1679, en présence de Mes Jean de Lorme et Pierre du Vallet, praticiens, demeurant audit Évreux, témoins, qui ont signé, avec lesdites parties et nous notaires, à la minute des présentes, après lecture faite suivant l'ordonnance, laquelle minute est demeurée en la possession d'Estienne Leroy, l'un desdits notaires. Ainsi signé en la grosse originale : Leroy et Buzot.

Par-devant les notaires du marquisat de la Garnache soussignés, ont comparu : M. François Moget, prêtre, demeurant en l'abbaye de Notre-Dame de l'Ile-Chauvet, paroisse de Bois-de-Cené, contractant au nom et comme procureur spécial de Mgr l'illme et révme Henry de Maupas du Tour, évêque d'Évreux et abbé commendataire de l'abbaye de N.-D. de l'Ile-Chauvet, et vénérable et discret le R. P. Placide Aubert, religieux camaldule, supérieur de l'abbaye de N.-D. de l'Ile-Chauvet, y demeurant, contractant tant en son nom et qualité de supérieur d'icelle, que comme se faisant fort pour tous les autres religieux de la congrégation des Camaldules en France, auxquels il a promis faire ratifier cesdites présentes à leur premier chapitre général, qui se doit tenir au mois d'avril prochain.

Lesquelles parties, èsdits noms et qualités ci-dessus, pour satisfaire aux articles contenus dans le concordat passé entre ledit sgr abbé et lesdits religieux, le 26 juin de l'année dernière, portant qu'il serait procédé, dans six mois, au partage des biens et revenus de l'abbaye; auraient procédé au partage desdits biens et revenus d'icelle, avec toute l'exactitude possible et en leur conscience, sur ce préalablement requis le conseil et avis de leurs amis communs, gens éclairés et experts èsdites choses; et pour cet effet auraient été faits trois lots ou partages de pareille valeur, tant en fonds que revenu; desquels trois lots ou partages en a été élu, et choisi, et conséquemment pris par les mains dudit sieur Moget le premier d'iceux lots pour le sgr abbé, le second par ledit R. P. Placide Aubert, èsdits noms et qualités; et le troisième, et dernier, est demeuré audit sieur Moget pour le sgr abbé, attendu que ledit sgr et ses successeurs seront obligés à toutes les charges portées audit concordat.

(Nous supprimons ici la longue énumération des différents articles composant les trois lots, parce qu'elle serait sans intérêt pour nos lecteurs.)

Fait et passé audit lieu et abbaye de N.-D. de l'Ile-Chauvet, sous les seings du sieur Moget, prêtre, et du père Placide Aubert, le 4 janvier 1684, après midi. Le registre des présentes est signé : F. Moget, prêtre; F. Placide; F.-R. Reculleau, notaire, pour regre; et J. Métairon, notaire, pour regre, gardiataire d'icelui.

---

25 SEPTEMBRE 1685. — Nous, Gaspard-Alexandre de Coligny, abbé commendataire des abbayes royales de Saint-Denis de Reims et de N.-D. de l'Ile-Chauvet, ayant considéré l'état malheureux où l'église de notre abbaye de l'Ile-Chauvet est réduite depuis plus de cinquante ans par le malheur de l'hérésie, et que c'est une charge fort grande pour moi et pour mes successeurs de la remettre en bon état, mes prédécesseurs l'ayant

trouvée presque ruinée, comme il paraît par des certificats des plus anciens du pays, et comme l'on peut voir encore par une instance faite par Mgr Henry de Maupas du Tour, évêque d'Évreux, et abbé de cette abbaye de l'Ile-Chauvet, contre la succession de Mgr le cardinal de Lyon, son prédécesseur, pour les réparations de l'église, qui était dès ce temps-là en très-méchant état, et laquelle instance aussi bien que d'autres poursuites ont coûté audit sgr évêque des sommes fort considérables sans en pouvoir rien tirer; ayant considéré, dis-je, toutes ces choses, et étant persuadé que la piété des RR. PP. Camaldules qui sont présentement établis dans cette abbaye les engagera à faire tous leurs efforts pour rétablir cette église fort mal en ordre, voulant aussi y contribuer de notre côté, nous leur avons accordé et accordons à perpétuité, tant pour nous que pour nos successeurs abbés, la somme de 150 livres par chacun an, à condition que, dès ce jour, ils se contentent de la recevoir dans l'état où elle est, et qu'ils s'obligent à en faire les grosses et menues réparations, auxquelles nous étions ci-devant par le concordat obligés, plus à entretenir le dedans de l'église en bon état, et à faire généralement tout ce qui sera nécessaire d'être fait à ladite église, nous et nos successeurs en demeurant à jamais déchargés dès ce jour, moyennant cette somme de 150 livres qui commencera à courir au 1er avril 1686; et comme Mgr l'évêque d'Évreux, d'heureuse mémoire, par son traité fait avec le R. P. Placide s'est obligé à donner aux religieux tous les ans la somme de 400 livres pour l'entretien de tous les bâtiments claustraux et réguliers, nous reconnaissons, tant pour nous que pour nos successeurs, que l'on sera obligé de leur donner tous les ans la somme de 550 livres, l'ayant jugée avantageuse tant pour nous que pour eux, en conséquence du mauvais état où est l'église depuis tant d'années et des sommes considérables qu'il faudrait pour la rétablir, auxquelles sommes les RR. PP. s'obligent à cause de cette somme de 550 livres par an; laquelle si dans la suite on leur disputait, l'on serait contraint de leur rendre ce qu'ils auraient avancé, ce qui monterait plus haut que ce qu'on leur donne; et en considération de ce que nous leur assurons cette somme, le R. P. prieur et les religieux s'obligent à acquitter toutes les charges et obligations de l'église auxquelles Mgr l'évêque d'Évreux les a obligés sans rien spécifier, et qui sont telles, savoir : l'office canonial tous les jours avec la messe conventuelle; quatre messes toutes les semaines pour les quatre chapelles érigées en cette abbaye; le premier jour de mai, une messe anniversaire avec un *ne recorderis;* le jour de la Magdelaine, une messe anniversaire et *ne recorderis;* tous les premiers jours des mois non empêchés, l'office des morts; la dédicace de l'église le troisième février avec octave; fête de saint Benoît le 21e mars. Le 15 août, fête solennelle. Tous les samedis, après messe conventuelle, un répons *ne recorderis, de profundis,* verset, et oraison *pro sacerdote* M. Gilles, donateur de la Motte-Bardet; et aussi en considération de la somme ci-dessus marquée, les religieux s'obligent d'entretenir eux seuls la muraille mitoyenne tant du jardin, que de la cour de la maison abbatiale, à laquelle par le concordat l'abbé et les religieux étaient obligés conjointement; et comme nous avons vu aussi qu'environ un journal de terre, qui est de la mense abbatiale, accommode fort l'enclos de la communauté des religieux, nous leur en avons volontairement accordé et accordons par ces présentes. tant pour nous, que pour nos successeurs, la jouissance et la propriété pour en jouir à jamais sans en pouvoir être inquiétés.

Fait et passé en notre abbaye de l'Ile-Chauvet le mardi 25 septembre 1685, et lesdits prieur et religieux ont promis de faire ratifier le présent concordat au prochain chapitre général, et d'en fournir acte à mondit seigneur l'abbé un mois après, à peine de tous dépens, dommages et intérêts, lequel présent acte nous avons tous signé et fait signer à nos requêtes aux notaires soussignés du marquisat de la Garnache et Beauvoir-sur-Mer. Fait et passé le même jour et an que dessus. Ainsi signé en la minute des présentes: Gaspard-Alexandre de Coligny; F. Jérôme, prieur; F. Pacôme, prêtre; F. Placide, prêtre; F. Jean-Baptiste, et de nousdits notaires, G. Charruyau, notaire; P. Neau, notaire, pour grosse, j'ai le registre.

Par-devant nous notaires royaux soussignés, ont été présents Mre Amable-Charles de Turenne d'Aynac, prêtre, docteur de Sorbonne, grand vicaire de Mgr l'Évêque de Luçon, abbé commendataire et s[gr] de l'abbaye de l'Ile-Chauvet, etc., d'une part; et Jérôme Gaultier, religieux camaldule et prieur de ladite abbaye, et présents Antoine Coué, Boniface Bellier, Augustin Cormy, Moyse Poullet, tous prêtres, et F. Sylvestre Egret, diacre, tous religieux dudit ordre, composant la communauté de ladite abbaye, capitulairement assemblés au son de la cloche en la manière accoutumée, et tous étant et demeurant en l'abbaye de l'Ile-Chauvet, ainsi qu'il appert par l'acte capitulaire de leur assemblée, en date dudit jour, d'autre part.

Lesquelles parties, pour terminer le procès commencé entre elles au présidial de Poitiers, et pour rétablir la bonne intelligence qui doit régner entre l'abbé et les religieux de l'abbaye, sont convenus de ce qui ensuit, savoir: que le s[gr] abbé d'Aynac s'oblige par ces présentes de payer auxdits prieur et religieux la somme de 400 livres par chacun an, dont la première demi-année est échue au 1er d'octobre passé de la présente année, laquelle somme leur sera payée en conséquence du présent traité par le sieur Billon, fermier général du s[gr] de Turenne d'Aynac, et continuer ainsi d'année en année jusqu'à la fin de son bail, après lequel celui qui lui succédera fera la même chose; moyennant laquelle somme de 400 livres payée comme dit est ci-dessus, les

RR. PP. prieur et religieux s'obligent par ces présentes, tant pour eux que pour ceux qui leur succéderont dans ladite abbaye :

1° De faire faire toutes réparations ou réédifications pour les bâtiments claustraux de quelque nature et qualité qu'elles puissent être; plus, d'entretenir l'église de luminaire, ornements et toutes autres choses nécessaires pour le culte divin, à la décharge du s^{gr} de Turenne d'Aynac, et de ceux de ses successeurs qui voudront entrer dans le présent traité.

2° Lesdits RR. PP. prieur et religieux s'obligent d'acquitter toutes les charges et obligations de l'église qui sont telles, savoir est : l'office canonial jour et nuit, etc. (*Le reste comme dans la pièce précédente, page 114.*)

3° Les RR. PP. prieur et religieux s'obligent encore à toutes les menues réparations de l'église, qui consistent en couvertures, vitrages, pavés et carrelures d'icelle, et fournir matériaux nécessaires pour les menues réparations et la ferrure, le s^{gr} abbé de Turenne d'Aynac demeurant seulement chargé des grosses réparations d'icelle, sans être tenu de rien faire faire de nouveau à ladite église.

4° Lesdits RR. PP. prieur et religieux déchargent par ces présentes personnellement ledit s^{gr} de Turenne d'Aynac de la somme de 150 livres, dont ils étaient convenus avec messieurs les abbés de Coligny et d'Illiers, qui leur payaient ou tenaient compte annuellement de ladite somme de 150 livres par chacun an. Ladite concession personnellement faite audit s^{gr} de Turenne d'Aynac n'aura lieu et ne subsistera que pendant la vie dudit s^{gr} de Turenne d'Aynac, ou de quelque mutation de bénéfice qui le fera cesser d'être abbé de l'Ile-Chauvet, lesquels deux cas advenants, ou l'un d'iceux, lesdits prieur et religieux rentreront dans le droit qu'ils ont eu de percevoir chacun an ladite somme de 150 livres, ou de se décharger de ladite obligation de l'entretien et des menues réparations de l'église.

Fait et passé audit lieu de l'abbaye de l'Ile-Chauvet, le 4 novembre 1709, et ont signé les parties avec lesdits notaires; signé Chatellier, notaire Aregnaudeau, notaire; contrôlé à la Garnache le 11 novembre 1709.

DESCRIPTION
DES RESTES DE L'ABBAYE
DE L'ILE-CHAUVET,

PAR ARMAND GUÉRAUD.

A l'époque où écrivait le P. Cochois, on ne s'occupait point d'archéologie; les œuvres diverses du moyen âge étaient confondues alors, sans distinction et avec mépris, sous le titre impropre de *Monuments gothiques*. Aussi notre auteur se contente-t-il d'apprécier en deux mots les édifices de l'abbaye de l'Ile-Chauvet : « En général, dit-il, tous les bâtiments du monastère sont solides, mais sans goût. » Nous allons donc, pour combler la lacune laissée dans son travail, essayer de décrire les restes de l'abbaye, car ils conservent encore un vif intérêt. De nos jours, des observateurs sérieux, des architectes savants, des artistes habiles, ont prouvé surabondamment que l'architecture et la sculpture du moyen âge, loin de mériter notre dédain, doivent être pour nous un objet d'étude et d'admiration. Si l'utilité de l'archéologie pouvait être contestée, il suffirait de montrer que son développement a produit la publication de remarquables ouvrages, la conservation intelligente des monuments anciens, l'édification de magnifiques églises dans le style le mieux approprié aux sentiments religieux, le rétablissement des fabriques de vitraux peints, un nombre considérable enfin de motifs et de sujets employés avec succès dans les arts et dans l'industrie.

Avant de passer à la description architecturale de l'abbaye, nous ajouterons toutefois aux pièces précédentes quelques détails complémentaires.

Dix années environ après la transcription du *Mémoire historique* du P. Cochois, vers 1779, la congrégation des Camaldules de l'Ile-Chauvet cessa d'exister. Quelles circonstances en amenèrent la dissolution? Fut-elle le résultat de nouveaux démêlés judiciaires avec le dernier abbé commendataire, M. de Caqueray? eut-elle pour cause le trop petit nombre des ermites, car ils n'étaient plus que quatre? ou bien, si l'on en croit la tradition, la règle valut-elle mieux que les moines? Nous l'ignorons, n'ayant pu recouvrer les arrêts du Conseil d'État, notamment celui du 28 février 1778, concernant la procédure de suppression de la mense conventuelle du monastère, etc., qui nous l'eussent sans doute appris.

L'abbaye, d'une valeur et d'une importance secondaires, possédait néanmoins des biens considérables. Ses revenus, moins les cens, rentes, devoirs, etc., étaient évalués, en 1684, suivant un relevé que nous avons fait dans le passage omis, p. 113, à 6,900#; et, en 1791, suivant l'affiche de vente, y compris les cens, rentes, devoirs, etc. (estimés environ 3,000 fr.), ils s'élevaient à 17,486#: à cette dernière somme il faudrait ajouter le revenu des bâtiments de l'abbaye, de ses jardins, de son bois, de son avenue, pour en connaître le revenu général. La mise à prix totale des biens de l'abbaye était portée, dans cette même affiche, à 390,860# (1), ce qui vaudrait aujourd'hui plus de 800,000 francs.

L'Ile-Chauvet fut achetée nationalement par M. Lamaignère, et vendue par acte du 30 mars 1828 (devant Desvignes, notaire à Nantes) à MM. Guillet de la Brosse, de Nantes, par Mme Mazeau et M. Pierre Lamaignère, enfants du précédent. Par suite d'arrangements ultérieurs, M. Augustin de la Brosse est resté seul propriétaire des bâtiments de l'abbaye et de la plus grande partie des terres. Nous lui devons la communication du mémoire du P. Cochois, que nous avons si heureusement complété par des pièces justificatives tirées de la riche et nombreuse collection de M. Dugast-Matifeux. Qu'ils en reçoivent ici l'expression de nos sincères remerciements.

---

(1) *Biens nationaux à vendre.* — District de Challans, canton de la Garnache, municipalités de Bois-de-Cené, Saint-Jean-de-Monts, etc. Suivent les détails de vastes propriétés, en tête desquelles nous remarquons : La maison de l'abbaye de l'Ile-Chauvet et ses dépendances, les métairies de la Cour, du Couvent, de la Bourie, du Quairé, de la Touche-Flandraine, de Beslile, de la Motte-Bardet; plusieurs prairies; les droits de terrage, cens et rentes, lods et ventes, et autres redevances, « tous lesquels domaines composaient ci-devant le revenu tant de la mense abbatiale que conventuelle de l'Isle-Chauvet, sans en rien excepter, ni réserver. » Les premières enchères sont fixées au 15 avril, et les secondes et définitives au mardi 3 mai 1791. — Une feuille in-plano, Nantes, Despilly, imprimeur-libraire.

Une description de monument, sans dessin à l'appui du texte, est difficile à faire, et surtout à comprendre. C'est donc avec un vif regret que nous laissons à d'autres le soin de publier un plan général de l'abbaye de l'Ile-Chauvet, dont nous allons cependant essayer de donner une juste idée au moyen d'une étude aussi simple et claire que possible.

Le P. Cochois, p. 22, dresse avec une exactitude rigoureuse un état de l'abbaye, et on peut, son travail à la main, en reconnaître toutes les parties, à l'exception des cellules des Camaldules et de l'un des quatre édifices claustraux qui ont été détruits. Les matériaux ont sans doute servi à la construction d'une maison bourgeoise élevée par M. Lamaignère, au fond de la grande cour, à la place de la plupart des servitudes du monastère.

Essayons tout d'abord de rétablir l'ensemble des bâtiments, à l'aide de ceux qui restent. En arrivant par la longue chaussée qui conduit de la route de Bois-de-Cené à l'abbaye, nous avons, de l'un et de l'autre côté, des marais et des prairies coupées de canaux, et, en face, les édifices et le bois de haute futaie de l'Ile-Chauvet, dont les terrains élevés se détachent sur toute la plaine environnante. Nous passons devant une première ferme, dont la vaste et antique grange, nouvellement réparée, annonce une exploitation déjà considérable. Quelques pas plus loin, nous sommes en présence des murs de la clôture abbatiale. On y pénétrait par deux entrées, aujourd'hui en ruine: la porte de la grande cour, *porta major,* et un peu plus haut la porte, *porta superior,* par laquelle le public se rendait aux offices, en traversant le parvis ou cour précédant la façade occidentale de l'église, *atrium ecclesiæ,* et sans communiquer avec les parties réservées de l'abbaye. Entre les deux entrées s'élève le gable occidental de la grange, percé autrefois, comme tous les bâtiments de ce genre, d'un immense portail. L'atrium ecclesiæ est fermé à droite par la façade latérale de la grange, par le côté nord de la cour intérieure, et par le pignon de l'*hospitium,* logis des hôtes; à gauche, par le mur d'enceinte du parc ou verger. L'église, *basilica*, car le monument a servi à la fois de chapelle à l'abbaye et d'église paroissiale, est bien orientée et s'étend au nord du cloître, *claustrum.* Cette partie importante était donc placée au sud de l'église, suivant l'usage presque général de nos contrées septentrionales, parce que cette orientation, comme le fait judicieusement observer M. de Caumont, permettait de se mettre à l'abri du froid et de placer les bâtiments d'habitation de manière à les faire jouir du soleil autant que possible. Le côté oriental du cloître était sans doute occupé par la sacristie, la bibliothèque, le chartrier, et la salle capitulaire, située à l'est dans toutes les abbayes. Telle devait être l'appropriation de cet édifice, qui a disparu, car le P. Cochois dit, p. 22, que *trois corps de logis faisaient avec l'église un carré.* Un bâtiment destiné au logement de l'abbé et des moines existe parallèlement à l'église, et forme au sud le troisième côté du cloître, dont la partie ouest est fermée par l'hospitium. Le cloître se composait de galeries de bois, comme le prouvent les corbelets de pierre qui se remarquent sur les façades; ces consoles, taillées de façon à retenir le long du mur une poutre sur laquelle s'appuyait un bout des chevrons du toit, tandis que l'autre reposait sur une colonne ou poteau, sont surmontées d'un filet saillant qui empêchait les eaux pluviales de s'infiltrer sur la poutre. Vers le centre du préau encadré par la galerie claustrale, existe encore un puits d'où les moines tiraient l'eau pour *laver leurs mains et leur visage.* L'hospitium a sa façade occidentale sur la cour réservée aux frères de la maison et aux étrangers, *area interior* (le P. Cochois la nomme *petite basse-cour*, p. 22), dans laquelle se trouve le gable oriental de la grange : cette cour, où étaient situés l'infirmerie, *domus infirmorum;* les logements des domestiques, etc., accède au nord à l'atrium ecclesiæ et au sud à la grande cour. La cuisine, *coquina,* placée au rez-de-chaussée de l'hospitium, était à proximité de la salle des hôtes et du réfectoire des moines, avec lequel elle communiquait par une galerie couverte, comme le font supposer les corbeaux du pignon occidental du bâtiment sud. La cour commune, *area communis* ou *major,* dans laquelle étaient reçues les dîmes, les provisions, etc., possède son puits particulier, dont la maçonnerie intérieure en bel appareil de pierre date sans doute de l'époque prospère de l'abbaye : elle devait être entourée des magasins et caves, *cellæ vinariæ et horrea;* des greniers à blé, *granaria;* des écuries des chevaux, *equilia,* car l'élève du cheval a toujours été pratiqué dans le pays ; du prétoire où le seigneur abbé rendait la justice, *pretorium;* de la prison, *carcer publicus;* en un mot, des servitudes de l'abbaye, remplacées par les constructions modernes de M. Lamaignère. De chaque côté de la grande porte d'entrée, on remarque, à droite, la grange, *grangia,* ou *tectum segetum*, et, à gauche, des logements de fermiers, dont la charpente ancienne porte à croire que là se trouvait l'habitation des gens de service de l'abbaye, *cellæ officialium*. Enfin, un jardin réservé à l'abbé et attenant à sa maison; un autre, *hortus magnus*, situé derrière le cloître; un vaste verger; un étang ou vivier comblé par M. Lamaignère, et un cimetière, complètent les différentes divisions du plan de l'abbaye, divisions faciles à suivre aujourd'hui pour celui qui s'est un peu occupé de l'économie d'une abbaye au XIIe ou au XIIIe siècle (1). Comme on le voit, les établissements monastiques étaient de véritables *villas;* les dispositions en étaient parfaitement appropriées non-seulement à la vie commune, mais aussi à l'exploitation des terres.

Si du plan général nous passons aux détails, nous sommes encore obligé d'omettre plus d'une remarque, faute de dessins. Revenons sur nos pas, et examinons successivement les parties les plus intéressantes, la grange, les bâtiments claustraux, et l'église.

Grange. — Sans avoir un extérieur monumental, cette grange présente à l'ouest un gable d'une hauteur peu commune, mais dont la porte charretière a été détruite et bouchée. Les faces latérales, avec leurs ouvertures étroites et allongées, soutiennent l'extrémité d'une immense toiture couverte de tuiles, et appuyée sur une charpente qui donne à l'intérieur l'aspect d'une de ces grandes vieilles halles à trois nefs divisées par deux rangs de gros poteaux de chêne. Sa longueur totale est d'environ vingt-six à vingt-huit mètres, et sa largeur, de vingt. Les basses nefs sont occupées par des bestiaux, qui ont la tête tournée vers la nef principale, d'où il est facile de les panser, car le foin et les autres fourrages destinés à leur nourriture y sont ramassés. Cette grange remonte peut-être au XIIIe siècle, et nous supposons que son appropriation devait être alors la même que de nos jours, puisque l'élève des bestiaux a toujours été l'une des

(1) Voir : *Histoire de l'abbaye royale de Saint-Denys*, etc., par Dom Michel Félibien, Paris, 1706, in-f°; — *Histoire de l'abbaye royale de Saint-Germain-des-Prez*, etc., par Dom Jacques Bouillart, Paris, 1724, in-f°; — *Nouvelle Histoire de l'abbaie royale de Saint-Filibert de Tournus*, etc., par Juenin, Dijon, 1733, in-4°; — le *Magasin pittoresque*, 8e année, 1840, p. 165; — *Histoire de l'art monumental*, par Batissier, gr. in-8°, p. 623; — *Abécédaire d'archéologie* (architecture civile et militaire), par M. de Caumont, in-8°, pp. 38 à 249; etc., etc.

branches principales de l'exploitation agricole dans le pays. Il suffit de parcourir les environs, pour trouver d'autres granges aussi vastes que celle de l'Ile-Chauvet, et qui peuvent donner lieu à plus d'une observation utile et curieuse.

Bâtiments claustraux. — Les deux édifices encore debout sont construits en pierres calcaires, dites vulgairement *pierres de chaume.* Les matériaux ont été tirés de carrières situées dans le bois de haute futaie qui touche l'abbaye. Cette pierre, d'une couleur jaunâtre, est molle au moment de son extraction ; mais elle acquiert au contact de l'air et par le temps une extrême dureté. Sans avoir un grain très-fin, elle a cependant été employée avec succès pour la sculpture. Les bâtiments accusent dans leurs ouvertures anciennes, car plusieurs ont été percées à diverses époques (voir p. 19), ainsi que dans quelques parties ornementées, le style du XIIe ou du commencement du XIIIe siècle. Les portes sont basses, légèrement ogivales, encadrées par un gros tore ; les fenêtres sont, les unes en plein cintre à claveaux réguliers, les autres rectangulaires, mais petites ; les corbeaux qui soutenaient la toiture des cloîtres, présentent des figures, de grandes dents de scie, et des moulures romano-byzantines.

L'intérieur du bâtiment ouest a sans doute été réparé au moment de l'introduction des Camaldules. Ainsi, la chambre occupée par les fermiers est plafonnée en bois et offre une cheminée lambrissée avec soin. La toiture, couverte d'ardoises, ne semble pas très-ancienne, malgré son aspect extérieur gondolé ; elle recouvre un grenier remplaçant la salle et le dortoir des hôtes, au-dessous desquels se trouvait la cuisine avec son four et sa grande cheminée.

Le bâtiment sud était divisé en deux parties : celle de l'ouest comprenait le réfectoire des Bénédictins et, au-dessus, leur dortoir, et celle de l'est, les appartements de l'abbé. La cage d'un escalier en pierre desservant ces dernières pièces se termine par une voûte en plein cintre, dont la clef fleuronnée semble agrafer deux arceaux saillants au point où ils se croisent. Les quatre extrémités de ces nervures, destinées à renforcer la petite coupole, et formées d'un gros tore accompagné de deux larges gorges, reposent sur des consoles ornées de simples moulures de la même époque que le reste de l'édifice. Tout l'étage supérieur, converti en greniers, n'a éprouvé aucune modification. La chambre à coucher de l'abbé est séparée du dortoir des moines par un mur de refend, de chaque côté duquel sont adossées de vastes cheminées à manteau droit. La charpente dénote, dans sa forme simple et son ornementation, le style du XIIIe siècle, mais ce style appartenant encore par les détails plutôt à la transition qu'à l'époque ogivale proprement dite. Les fermes se composent de deux arbalétriers, contenus à la base dans leur écartement par un entrait qui supporte un poinçon sur lequel repose la poutre faîtière. Un arc ogival s'élève sur l'entrait, et soutient à son sommet un faux tirant qui sert à maintenir l'état rectiligne des égouts. Une seule panne ou pièce longitudinale relie les fermes et s'appuie sur le point de jonction de l'arbalétrier avec l'arc ogival, qui fait l'office d'une jambe de force. Des chevrons recouverts de lattes, et une sablière ou plate-forme à grosses moulures, tores et gorges séparées par des filets, complètent les différentes pièces du comble.

Les sept entraits, renflés vers le milieu, sont ornés, ainsi que les poinçons dans la partie où ils se réunissent, d'une quarantaine de rosaces et de panneaux rectangulaires composés de figures géométriques, de trèfles, de quatre-feuilles, d'étoiles, de fleurons à plusieurs pétales, de carreaux, de losanges, de têtes de clou, de pointes de diamant, de câble, de zigzags, de dents de scie, qui ne sauraient être rendus autrement que par le dessin et qui rappellent les mosaïques et les émaux de la fin du XIIe siècle. La rose qui orne la croix XIIe siècle publiée dans l'*Abécédaire d'archéologie religieuse* de M. de Caumont, p. 200, s'y trouve reproduite exactement semblable, puis avec de légères modifications. Un petit panneau présente une double arcade trilobée; cette application est fréquente dans le style ogival primitif. Plus loin, un poinçon est entouré de quatre pignons sculptés correspondant à chacune de ses faces. Sur la base du poinçon placé près de la cheminée de l'abbé, nous avons vu, non sans étonnement, l'écusson royal chargé de trois fleurs de lis, posées deux et une, car l'écu de France, dans le principe, d'*azur semé de fleurs de lys sans nombre*, n'a été réduit à trois que dans le XIVe siècle; mais quelques recherches nous permettent cependant d'en citer plusieurs exemples avant cette époque. Ainsi, dans le vitrail de la sacristie de Saint-Denis, on remarque un écu royal chargé de trois fleurs. Montfaucon dit que ce vitrail a été peint peu de temps après la mort de saint Louis, ce que semble confirmer le style du dessin qui le représente; et il ajoute que si les fleurs furent ainsi réduites sous Charles VI [1],

---

(1) *Les Monuments de la Monarchie française*, par Dom Bernard de Mont-

l'on découvre tous les jours des écus bien plus anciens avec trois fleurs. Les anges, monnaie d'or, *qu'on discontinua de fabriquer*, suivant Leblanc, *l'an* 1342 (1), portent un écusson à trois fleurs posées deux et une. M. Eugène Grésy cite des écussons de même espèce dans la description d'une cassette de saint Louis couverte d'armoiries (2), et M. Quantin, à la date de 1226, un sceau de Nicolas de Hautvillars, bailli du roi, provenant du fonds de la léproserie de Pontferrand (Arch. de la Préfecture de l'Yonne), et présentant trois fleurs de lis du genre de celle du contre-sceau de Philippe-Auguste (3). Enfin, un article du *Magasin pittoresque* (4) confirme que, dès le XIIIe siècle, l'usage s'introduisit insensiblement de réduire les fleurs de lis à trois. L'ordonnance royale n'aura donc fait que régler en définitive un usage depuis longtemps suivi. Admettons en conséquence que l'écusson de l'Ile-Chauvet, avec son champ presque triangulaire, est bien de la même époque que l'ensemble de la construction.

Après avoir soumis un échantillon du bois de cette charpente à des hommes compétents, nous avons acquis la certitude qu'elle est en essence de chêne; ce qui confirme encore l'observation que les charpentes du moyen âge étaient généralement en chêne et souvent de cette variété rare aujourd'hui, suivant M. Hericart de Thury (5), et qui ne vient bien que dans les localités tourbeuses et marécageuses. C'est aussi l'occasion de nous élever contre ce préjugé que les charpentes de châtaignier seules sont exemptes de toiles d'araignée; nous pouvons, en effet, appliquer à notre sujet les remarques suivantes. Comme M. Segretain (6) l'a déjà constaté dans plusieurs anciens combles, si on n'y trouve en apparence nulle trace de grandes toiles d'araignée, c'est parce qu'elles n'existent pas dans

---

faucon, t. II, p. 156, et pl. Y, p. 158. — Le président Hénault, dans son *Abrégé chronologique de l'histoire de France*, 2 vol. in-12., t. Ier, p. 328, parle de ce fait à la date de 1380; mais il croit qu'on peut cependant rapporter au règne de Charles V l'origine de cette réduction.

(1) *Traité historique des monnaies de France*, in-4°. p. 207.

(2) *Revue archéologique*, Xe année, 1854, p. 642.

(3) *Dictionnaire de diplomatique* (Collection de l'abbé Migne), Paris, 1846, in-4°, au mot : *Fleur de lis*.

(4) XVIe année, 1848, p. 223.

(5) *Bulletin archéologique publié par le Comité historique de France*, Paris, 1843, Ier vol., p. 160.

(6) *D°*, IIe vol., p. 152.

la sombre profondeur des charpentes ; mais elles se produisent aussi nombreuses qu'à l'ordinaire dans tous les endroits éclairés. Nous croyons avec lui qu'on peut expliquer ce phénomène non plus par l'essence des bois, mais d'une manière tout à fait conforme aux règles de l'histoire naturelle, en disant que les araignées fuient l'obscurité, parce que les moucherons et autres insectes contre lesquels elles disposent leurs toiles se dirigent toujours, comme on le sait, vers la lumière.

Enfin, comme cette charpente est le premier monument de ce genre que nous ayons vu, et que nous ne connaissons aucun dessin qui en reproduise d'une époque aussi reculée, c'est seulement par la comparaison des ornements dont elle est chargée, avec d'autres analogues, que nous sommes parvenu à nous faire une opinion sur son ancienneté (1). Ainsi, après un sérieux examen, quoique ni date ni inscription n'en déterminent exactement l'âge, nous croyons pouvoir avancer, en nous basant sur son caractère général, que cette curieuse construction, maintenue dans le meilleur état, ne saurait être postérieure au XIIIe siècle, puisque la plupart de ses ornements sont ceux du style de transition, c'est-à-dire, de la fin du XIIe siècle.

Église. — La façade principale de l'église, qui se terminait en pignon, n'est pas complète : la pointe du gable a été détruite, et le mur est coupé horizontalement. Deux contre-forts assez lourds s'élèvent de chaque côté d'un riche portail. L'ouverture de la porte, large d'1^{m},80 et haute de 2^{m},10, est encadrée par quatre profondes voussures ogivales disposées en retraite. Chaque paroi latérale de l'arcade était tapissée de quatre petites colonnes de même hauteur que la porte, dont le tympan, sans doute historié, a disparu. Ces colonnettes, aujourd'hui brisées, soutenaient les archivoltes ornées de grosses et de petites moulures concentriques; l'extrados de la

(1) Nous avons rapproché ces ornements de ceux que nous fournissent nos souvenirs, et de ceux qui se voient dans les ouvrages d'archéologie déjà cités et dans les suivants : *Historical and descriptive essays accompanying a series of engraved specimens of the architectural antiquities of Normandy,* edited by John Britton, the subject measured and drawn by Augustus Pugin, etc. London, 1841, in-f°. — *Annales archéologiques* dirigées par Didron, t. VII, 1847, p. 150, pl. *Étoiles et manipules du* XIIIe *siècle;* t. IX, 1849, p. 72, pl. *Carrelage du* XIIIe *siècle.*

dernière est bordé d'un large galon, formé de quatre cordons tressés, et d'un rang de perles. Les piédestaux des colonnes sont fort élégamment sculptés, et leurs fûts sont couronnés par des figures et des feuillages. A droite, le premier chapiteau se compose de deux animaux fantastiques qui se regardent, sorte de griffons ailés dont les têtes, avec leurs petites oreilles redressées, ouvrent une longue gueule armée de grandes dents; le deuxième, de deux colombes perchées sur des branches d'arbuste; le troisième, d'une tête de vieille entourée de feuillage; le quatrième est brisé; — à gauche, le premier offre des oiseaux et des rinceaux entremêlés; le deuxième, un visage très-fruste; le troisième, deux colombes; le quatrième enfin, une figure de vieillard cachée dans des branches d'arbre. Une corniche, sur laquelle se déroulent une guirlande de palmettes et une bordure à dents de scie, remplace les tailloirs des chapiteaux et reçoit la retombée des voussures. Un rang de modillons et un filet saillant, comme celui dont nous avons parlé, p. 56, font supposer qu'un porche de bois existait en avant de la façade. Une fenêtre étroite et légèrement ogivale surmonte le tout; située un peu à gauche, sans doute avec intention, ne pourrait-elle pas, puisque les architectes du moyen âge cherchaient toujours à animer leur création, représenter le cœur de l'édifice? ou doit-on chercher le motif de cette bizarrerie apparente dans la distribution des jours? car tout, dans l'architecture ogivale primitive, a sa raison d'être, son utilité bien constatée, pour ceux qui ont étudié consciencieusement cette grande époque. L'un des corbelets représente un homme buvant à un baril, figure symbolique des vices, placée souvent à l'entrée du temple. « Il faut cependant se garder, dit M. de Caumont, de pousser trop loin l'interprétation des figures, et prendre garde de donner trop d'extension au symbolisme. »

La façade latérale nord est percée de quatre fenêtres cintrées, dont deux se terminent par une pointe ogivale; ces ouvertures correspondent à quatre travées délimitées par de simples contre-forts saillants à sommets amortis. Le transept accédait à l'ouest par une petite porte flanquée de deux colonnettes à chapiteaux ornés d'un gracieux fleuron à quatre feuilles arrondies; puis, dans le pignon, s'ouvre une fenêtre cintrée, étroite et allongée, qui fait pressentir les lancettes de la première époque.

La façade sud est dépourvue de contre-forts, parce qu'ils auraient embarrassé la galerie claustrale qui y était adossée. Pour éviter cet inconvénient, l'architecte a employé le moyen suivant : le mur fait un retrait au-dessous de la naissance de chaque fenêtre, s'amincit jusqu'au toit et simule des demi-contre-forts entre les ouvertures, en conservant dans ces parties l'épaisseur de son empâtement. L'aile du transept, sur laquelle les Camaldules avaient élevé un clocher, n'existe plus ; elle a été démolie par M. Lamaignère.

L'abside entière est d'une autre époque. Deux de ses fenêtres latérales sont en plein cintre ; les deux autres et celle du chevet, qui est plat, sont ogivales et reliées ensemble par une cimaise à moulures très-simples, qui contourne leur archivolte et se prolonge dans toute l'étendue du chœur. Les faces latérales sont couronnées chacune par quatorze modillons à figures grimaçantes. Enfin, deux énormes contre-forts sont appliqués sur les angles du chevet ; disposition qui se rencontre fréquemment à partir du XVe siècle, mais dont M. de Caumont dit n'avoir jamais vu d'exemple avant cette époque (1). Nous avons remarqué sur l'intrados de l'archivolte des fenêtres latérales, aujourd'hui bouchées, des ressauts formant de grosses moulures qui rappellent celles des ouvertures des chapelles des Jacobins et du Refuge de Nantes. Ce chevet est évidemment moins ancien que le reste de l'édifice, et pourrait être de la fin du XIIIe siècle ; mais nous ne voulons pas lui assigner une époque précise, avant d'en avoir fait une étude plus approfondie.

L'édifice entier, construit en pierre de chaume de grand appareil, présente un aspect monumental à la fois simple, riche et sévère. Ce bel appareil permet de distinguer, par sa taille et son agencement, les différences qui existent dans l'ensemble de la construction, faite, comme il est facile de le voir, à diverses reprises.

Terminons notre examen par l'intérieur de l'église. Le chœur, dont la longueur est de 22^{m} et la largeur de 10, est voûté et séparé du reste par un mur de refend. Les réparations des Camaldules et le badigeon lui ont enlevé tout caractère, et ne lui ont laissé, pour ainsi dire, aucun intérêt. On aperçoit encore l'emplacement d'une crédence. Le beau retable en bois du maître-autel, offert par M. A. de la Brosse à l'église paroissiale de Châteauneuf, avait été construit par le frère Robert, en 1688, dans le style Louis XIV.

---

(1) *Abécédaire d'archéologie religieuse*, p. 415.

Les murs de la nef ont environ $1^m,30$ d'épaisseur, et l'édifice entier à 50 mètres de longueur (du portail au chœur, 28^m) sur 10 de largeur; chaque aile du transept a 8 mètres sur 5. La hauteur du pavé à la corniche, ou mieux à la naissance des voûtes, est de 7 mètres. Telles sont à peu près les principales dimensions de l'église.

Le centre du transept devait être surmonté d'une coupole et d'un clocher. Quatre grands arcs en ogive existent encore sur les côtés de la croisée. L'aile gauche laisse voir au nord l'emplacement d'un tombeau ou peut être d'un autel, ainsi qu'une piscine avec crédence placée à la gauche d'une absidiole qui forme en hémicycle le côté oriental du transept.

Des huit fenêtres de la nef, les deux premières à partir de l'entrée sont légèrement ogivales et ornées de deux petites colonnes, sur les chapiteaux desquelles s'élève une moulure ronde continuant en quelque sorte les fûts, pour border l'archivolte. Les travées sont séparées, d'abord dans la partie ouest, par un faisceau de trois colonnettes appliquées sur le mur, et surmontées de chapiteaux à crochets; puis par de gros pilastres, dont les sommets sont couverts de sculptures. L'un présente une tête de lion entre des figures humaines, accompagnées elles-mêmes de deux autres têtes soutenues par des consoles; l'autre pilastre offre une figure de vierge, une tête de loup, deux colombes, un aigle et une tête de femme. Nous ne chercherons pas à expliquer ces sujets évidemment symboliques, parce que plusieurs ont été brisés. Le pavé de l'église a été enlevé et vendu par M. Lamaignère; de sorte que nous n'avons rencontré aucune inscription, aucune pierre tombale. Les voûtes enfin n'ont sans doute jamais été achevées, ou, si elles ont existé, elles auront peut-être, lors du désastre de 1588, été rompues par les calvinistes; et les Camaldules auront ensuite achevé de les faire disparaître, pour y substituer la charpente qui recouvrait l'édifice avant la Révolution.

Les monuments complets d'anciennes abbayes sont fort rares aujourd'hui. Nous avons donc pensé nous rendre utile en décrivant les restes de l'Ile-Chauvet, dont l'intérêt est d'autant plus vif pour notre pays que ce sont presque les seuls existants dans un rayon de plus de six myriamètres autour de Nantes. Puisse une main plus exercée que la nôtre venir compléter nos modestes observations!

Nantes, Imprimerie A^{nd} Guéraud et Cie, rue Basse-du-Château, 10.

www.ingramcontent.com/pod-product-compliance
Ingram Content Group UK Ltd.
Pitfield, Milton Keynes, MK11 3LW, UK
UKHW012104240726
13965UKWH00004B/1536

9 782013 044318